1秒で刺さる書き方

伝わらない文章を劇的に変える68の方法

読み手と共に
失敗し
悩み
生み出せる旅をすることが
書くということだ。
中谷彰宏

あきひろ

この本は、
3人のために
書きました。

1
ブログを書いたのに、読まれない人。

2
意図に反して、炎上してしまった人。

3
オリジナリティーのある文章が、書けない人。

はじめに

01

読んだ人が、人に話したくなり、行動したくなり、ハッピーになる。

書くことの基準は、

① **読んだ人が、人に話したくなるか**
② **読んだ人が、行動したくなるか**
③ **読んだ人が、ハッピーになるか**

の3つです。

「なるほど。勉強になりました」と言っても、行動に移さなければ、それは相手を動かしていることになりません。

動かないのは、読んだ人の責任ではなく、書いた人の責任です。

「いい話だったけど、何をすればいいのかまったくわからない」ということは、よく起こりがちです。

私の本は、話題ごとに小見出しを立てています。

冒頭にはA見出し、最後にはB見出しを立てるという構成です。

B見出しには具体的な行動を書くようにしています。

たとえば、典型的な読まれないブログには「今日も元気いっぱいやりましょう」と書かれています。

間違ったことは書いていませんが、具体的に何をすればいいかわからないのです。

モテるためのアドバイスで「人に会いましょう」と言われても、「会ってるよ」ということになります。

アドバイスは具体的な行動を指示することが大切です。

ただし、読んだ人が「それはムリ」と思うような難しいことは行動に起こせません。

読んだ後に砂を噛むような後味の悪さが残ったり、「人間は弱いんだな」「やっぱり自分はムリだな」と思うような文章は、人の心を動かさないのです。

それは行動しないことの大義名分を与えているだけです。

文章を書く意味は、読んだ人をハッピーにすることです。

「私はこんなにハッピーです」と書いても、「よかったですね」で終わりです。

読んだ人がハッピーを共有できなければ、書いていることになりません。

文章を書く時は、「話したくなるか」「行動したくなるか」「ハッピーになるか」というう3つのポイントを客観的に自分でチェックすることが大切です。

私は、「書くこと」と「書かないこと」を決めています。

読んだ人がハッピーにならないことは書きません。

読んだ人がハッピーにならなくても売れる本もありますが、そういう本は書かないことにしています。

「儲かるけどしないこと」を決めるのは、すべてのビジネスで大切です。

この本で書いていることは、

「これから本を書きたい人」

「ブログを書いても読んでもらえない人」

「本を書きたいのに、なかなか書けない人」

「本を書くことは決まっているのに、どう書いていいかわからない人」

へのアドバイスです。

私自身、最初からわかっていたことではありません。

１０５０冊を１冊１冊書いているうちに、人の心を動かす本を書くということがわかってきたのです。

私のミッションは、「Move Your Heart.」です。

人の心をムーブするために、何に気を使っているかということです。

心を動かす文章を書くために

01

計画を具体的に書こう。

心を動かす文章を書く68の方法

25 「～とは」より「～だ」と書こう。
26 言葉を、定義し直そう。
27 自分だけの辞書をつくろう。
28 平易に書いても刺さる発想を持とう。
29 一番言いたいことを、もったいぶらない。
30 削ろう。
31 熱い思いを伝えよう。
32 1文も、ムダなことは書かない。
33 読み手より前に、書き手が生まれ変わろう。
34 「あるある・なんで?・なーるほど」と書こう。
35 普通の設定をひねって、着地させよう。
36 最初からわかっていたオチで終わらない。
37 自分の書いたものにビックリしよう。
38 接続詞がなくてもわかるように書こう。
39 読点は、1文1回にしよう。

55 大人の書き方にしよう。
56 フォントに頼らない。
57 品のある文章を書こう。
58 短い文章にも、自分の美学を入れよう。
59 「私が、私が」と書かない。
60 1行あけは、1項目、2回までにしよう。
61 文章の前に、考えを整理しよう。
62 「Aしない」で逃げない。
63 動詞を使おう。
64 出だしはとりあえず書いて、最後まで書こう。
65 前書き・後書きは、短くしよう。
66 「○○と私」で書こう。
67 すぐできることを書こう。
68 とにかく書き始めよう。

1秒で刺さる書き方

目次

第1章 「大切な1人」に向けて、書く。

第2章 オリジナルの言葉を、探し続ける。

第3章 声に出して、読み返す。

第4章 「あるある」を、ひねって書く。

第5章

書きながら、考え続ける。

第6章 大人の文章を、書く。

装丁　轡田昭彦＋坪井朋子
カバー写真　©Philip Lee Harvey/cultura/Image Source/amanaimages

第１章

「大切な１人」に向けて書く。

02

誰よりもリアルな映像を思い浮かべ、誰よりも大きな喜怒哀楽を持つ。

人の心を動かす文章には、

① 書く人が誰よりもリアルに映像を思い浮かべている
② 書く人が誰よりも大きな喜怒哀楽を感じている

という2つの要素があります。

誰もが「私も絵を思い浮かべて感情を入れています」と言いますが、大切なのは、その映像がどこまでリアルかということです。

リアルさは、個人のレベルの差が大きいのです。

リアルさの解像度・奥行き・横幅・深さは、圧倒的に違います。

温度や味、手ざわりや音などを伴った五感で感じる何があるかです。

ラフに描いたものでも、つい「絵」と言ってしまいます。

書き手が思い浮かべている以上の映像は、読者には浮かばないのです。

読者は読者なりに映像を思い浮かべます。

書き手と違うものを思い浮かべても構いません。

書き手に映像が浮かんでいなければ、「自由に想像してください」と、投げ出されても、読者は想像できないのです。

書き手は、誰よりも感情を豊かに受け取っています。

「へェー」と言うようなレベルではなく、涙が出るぐらい受け取っています。

書き手が読者の誰よりも過敏に反応していないと、細かいところでの「ビックリ」とか「落ち込み」は伝わらないのです。

ベースとして、書き手は、映像と感情を、よりデフォルメした形で受け取ります。

読み手よりも4ケタ大きいのです。

「1」のところを「1万」に感じるレベルの振れ幅があって、初めて読者にそれが伝わっていきます。

「1」を「1」と感じても伝わりません。

体験の数が多ければ多いほど、リアルな映像が浮かび、感情の起伏が大きくなるのです。

心を動かす文章を書くために

02

映像と感情を持つために、体験を増やそう。

03

リアルな体験があることで、感情移入できる。

本をたくさん読んでいるからといって、本を書けるようにはなりません。
「私は読むのが好きだから、書けるはず」というのは、ムリです。
読書経験があって、それとは別に、本とは関係ないあらゆる体験があります。
それが結び合わさって大きな感情の起伏になり、リアルな映像が浮かぶのです。
図書館の中だけで暮らしていても、その人は何も思いめぐらすことはできません。
森の中にいる体験も必要です。
昆虫図鑑を読んでいるだけでは、昆虫のリアルさはわからないのです。
私は子どもの時に、よくセミ取りをしていました。

セミは、オスが鳴いて、メスは鳴きません。

メスのセミが、鳴かないで手の中でブブブッと震える感じが切ないのです。

セミは、7年間、幼虫のまま土の中で過ごします。

成虫として地上に出て飛び回っているのは、たった2週間です。

当時、子どもだった私は10時に寝るのが決まりでした。

早く起きて動ける時間が楽しみでした。

「起きたいのに、寝ていなくてはいけない」という体験とセミ取りの体験があって、初めて昆虫図鑑に感情移入できるのです。

手の中で震えるセミの感触の切なさが伝わるには、もちろん読み手の力量も必要です。

読み手の力量と書き手の力量がマッチした時に、何かを共有できるのです。

03

本以外の体験をしよう。

04

自分の専門分野で、読み手に関係のある話を書く。

すべての人が自分の専門分野を持っています。

専門分野で本を書いても、つまらないものになりがちです。

面白いかつまらないかの分かれ目は、読み手自身に関係があるかどうかです。

どんなに専門的に正しくても、自分に関係のないことは面白いと思わないのです。

書き手は、自分の専門分野については、３６０度の話ができます。

その中から読み手に関係のある部分を見つける作業が「書く」ということです。

何を書くかというより、どう書くかです。

３６０度のうち、相手に合う３６０分の１度の部分に周波数を合わせるのです。

いくら自分が興味のあることでも、相手に興味がなければ、「勝手にやってくれ」と思われるだけです。

本は、

① 読み手を待っているだけの本

② 読み手に合わせて書いた本

の2種類に分かれます。

「コンセプト」とは、送り手と受け手の新しい関係をつくることです。

「私はプロの作家じゃないし、本を書きたいとも思っていない」という読み手でも、日常生活の中で上司にメモを書いたりメールを返すことはあります。

それも文章です。

ここにかかわりが出てきます。

読み手は、「自分にかかわりがある」と思った瞬間、俄然、興味が湧くのです。

1度でも角度がズレていたら、まったく興味がなくなります。

これは読み手の責任ではありません。

読み手によって調節するのは、書き手の作業です。

書き手は、つい自分の好きなことばかり書いてしまいがちです。

「面白いと思う人が読んでくれればいい」となると、その文章は一人よがりなものになります。

読み手は、お金と、それ以上に貴重な時間を使って文章を読んでいます。

誰もが忙しいのです。

自分に関係のないものに時間を使っているヒマはありません。

究極、時間は命です。

自分が関係ないと思うことに対して、誰も命は使いません。

関係ないのではなく、関係に気づいていないだけです。

読み手が気づいていない関係に気づかせる作業が、書き手の仕事なのです。

心を動かす文章を書くために

04

読み手に関係があることに気づかせよう。

05

たった1人の人が、一番困っていることの解決策を書く。

書き手は、どうしても大ぜいの人に読んでもらおうとしがちです。

ここが誤る一番のポイントです。

できれば大ぜいの人に読んでもらいたいと思うのは当然です。

それでも、まずは1人の人に読んでもらうことを目標にします。

最初の1人の読み手がいなければ、大ぜいの人に読んでもらうことはできないからです。

「口コミで世の中に広がっていく文章がありますよね」と言う人がいます。

この人が忘れているのは、1人目の読み手がいなければ口コミはありえないという

ことです。

宣伝しないことは、正しいのです。

今は宣伝でモノが売れる時代ではありません。

宣伝は、相手が見えない状態ですることです。

文章で一番大切なのは、読み手を想像しながら書くことです。

女性向けの本で、若い女性を勇気づけたい、ついでに男性も、若い人も、年配の人もとなると、結局、誰にも向かわなくなるのです。

文章の本質は、手紙です。

すべての人に向かって書く手紙は、ありえません。

それはただのダイレクトメールです。

手紙の文章になるかダイレクトメールの文章になるかが、大きな分かれ目です。

大ぜいの人に読んでもらいたいと思うと、ついダイレクトメールの文章になってしまうのです。

「不幸の手紙」というチェーンメールは、私の子どもの時代からありました。

「不幸の手紙」を読んだ人は、同じものを3人の人に送ります。

「不幸の手紙」の仕組みがうまいのは、「あなた」に届くことです。

1人に届いたことで、結果、広まるのです。

①「誰に書くか」では、まず、代表的な読み手を1人想定する。

②「何を書くか」では、その人が解決したい「小さな悩み」と実現したい「小さな夢」について書く。

「悩み」と「夢」があったら、まずは悩みを解決します。

夢は抽象的です。

悩みはリアルです。

大きな悩みは、解決が難しく、時間がかかります。

「小さな悩み」は、「それならできる」という解決法で行動に結びつきます。

それがキッカケで、次から次へとドミノ倒しが起こります。

「小さな悩み」→「中ぐらいの悩み」→「大きな悩み」につながって、小さな夢の実現にたどり着くのです。

心を動かす文章を書くために

05

読み手の小さな悩みを解決しよう。

06

軸がブレると、伝わらない。

教育について文章を書きたいという人から相談を受けました。

「誰に向かって書きますか」

――「子どもに向かって書きたいです」

「保護者の方に向かってではないんですね」

――「保護者の方にも書きたいです」

この時点で軸がブレています。

ここはどちらかにしないとどちらにも読まれません。

子どもに向かって書くのと保護者に向かって書くのとでは、書き方が違います。

子どもと保護者は利害関係にあるし、悩みも違うのです。
「内容的には教育ですか」
――「教育です」
「子育てではないんですね」
――「子育てもです」
これもブレています。
「教育」と「子育て」は違う話です。
それが本人の中で分かれていないのです。
その人に「代表的な読者を決めてください」と言うと、なかなか浮かびません。
なんとかひねり出したのが、「近所にいる町おこしをしているおじいさん」です。
もはや完全に教育から離れています。
この人は、誰に伝えたいか、まったく見えていないのです。
文章を書くことは、コミュニケーションです。
言葉で話すことを文字にしているだけなのです。

心を動かす文章を書くために

06

1対1で伝えよう。

コミュニケーションの大原則は、「1対1」です。

上司が部下に指導する時も、1対1でないと通じません。

テンポの早すぎる人には、「もう少しゆっくりやって」と、指示します。

遅い人には、「もう少しスピードを上げて」と、指示します。

これが1対1の指示です。

「みんなテンポを合わせて」と言っても、自分が早いのか遅いのかもわかりません。

それはアドバイスになっていないのです。

07

文章を書くことは、自分から逃げないことだ。

対象を1人に絞るのは、しんどいことです。

大ぜいなら、まだ逃げ道があります。

1人に絞ると、この人に何を伝えればいいか、書き手は自分自身を突き詰めて考えざるをえなくなるのです。

文章を書くことは、自分から逃げないことです。

私は1050冊の本を書いてきました。

誰かを変えてきたというよりは、自分自身が逃げないで変わり続けているのです。

文章を書くことは、自分が生まれ変わることです。

自分が変わらないで、相手だけ変えようとしても、そんな文章は誰も読みません。

書きながら、読み手と一緒に生まれ変わっていくのです。

そのためには、まず、書き手が生まれ変わることです。

「自分はできているけど、あなたはこうしなさい」という文章は、誰も読みません。

「難しくて自分もできないけど、なんとかこういうふうにやっていこう」と、共に歩んでいくことが文章を書く意味です。

上から目線で、できている人ができていない人に書くのではないのです。

書き手と読み手の関係は、師弟関係のようなものです。

武道の師匠は、自分も修行者です。

師匠みずから、悩み続けて、葛藤して、トライをして、試行錯誤を続けています。

書き手は師匠、読み手は弟子なのです。

成長し続ける師匠に、弟子はついていくのです。

心を動かす文章を書くために

07

突き詰めることから、逃げない。

08

「みんなに読んでもらいたい」は、誰にも読んでもらえない。

フリーサイズの服は、誰にも合わない服です。

そんな服は買いたくありません。

「みんなに読んでもらいたい」という文章は、結局は誰にも読んでもらえないのです。

ネット社会は、「みんなに好かれたい」という感情が先行します。

嫌われることを極端に恐れているのです。

「こんなことを書いたら、みんなに嫌われるのではないか」とビクビクしていると、大切なたった1人へのメッセージが届かなくなります。

文章を書くことは、「手紙を書くことと同じ」と言いました。

しかも、その手紙はラブレターです。

嫌われることを恐れたら、ラブレターは書けません。

ラブレターは、好きな人への切々たる思いを書いています。

たまたま公開するのが、「文章を書く」ということです。

「あいつ、あんなこと書いて」と、笑われる覚悟が必要なのです。

合コンで女性が5人来ました。

この中で誰がタイプかと聞かれたら、「Aさん」と言い切ります。

これが文章を書くということです。

そうすることで、他の4人に嫌われる可能性があります。

嫌われることを恐れると、どんどん無難な文章になっていくのです。

映画『ローマの休日』で、最後にオードリー・ヘプバーン演じるアン王女が、「ヨーロッパ歴訪でどこが印象に残りましたか」という質問に答えるシーンがあります。

「いずれの都市も」と言って、どこも傷つけないのが決まりごとでした。

それをアン王女は、「ローマです」と言い切ったのです。

多くのものから1つのものを選ぶと、当然、反発する人が出てきます。
文章を書くには、嫌われる覚悟が必要なのです。

心を動かす文章を書くために

08

嫌われることを、恐れない。

09

文章を書くことは、決断することだ。

「決断」の逆は、「保留」です。

「保留」は、みんなにまんべんなく分散することです。

「保留の人生」から「決断の人生」に変わることが、「文章を書く」ということです。

「こうしなさい」というアドバイスは、誰でもできます。

ここで「ほかのことはしなくていい」と言い切ることが、決断です。

『面接の達人』が読者の心に刺さったのは、このためです。

それまでの本は、1冊の中に200の質問と200の模範解答が載っているというものでした。

それに対して、『面接の達人』は、「自己紹介と志望動機だけでいい。あとは一切しなくていい」と言い切りました

これが読者に刺さったのです。

「しなくていいこと」を言うのは、大切な人への思い切った判断です。

読み手は「そこまで言ってくれるなら、それに賭けてみよう」と思えるのです。

大切なのは、一緒にチャレンジをすることです。

その逆が「保険」です。

人生に賭けるのか、保険で生きるのかが分かれ目です。

保険で本を読む人はいません。

読み手は、何か賭けるものを探すために本を読んでいます。

それに対して、書き手が保険をかけてはいけないのです。

心を動かす文章を書くために

09 保険をかけない。

10

構成を考えると、熱が冷める。

これから本を書こうとする人は、まず、編集者に「目次の構成を考えてください」と言われます。

まじめな人は、言われた通りに書きます。

私は構成は考えません。

一番伝えたいところから書いていきます。

構成を考えると、たしかにわかりやすくなります。

ただし、モノを伝える時に大切なのは、「わかりやすさ」と「熱が伝わること」の2つです。

読み手が求めているのは、理解することではなく、熱が伝導することです。

何かわからない圧倒的な熱が伝わってきて、読むのです。

生徒が先生に求めるものも「熱」です。

大人になってから思い出すのは、小学校の熱い先生です。

大切なのは、何を習うかという「コンテンツ」ではありません。

そこからほとばしる「熱量」です。

熱量を考えると、構成を組み立てるより、強い順番から行った方がいいのです。

文章は、草野球方式です。

草野球は、一番打率のいい人から打っていきます。

それが一番回数が回るからです。

プロ野球は、お客様は九回まで一応見てくれます。

文章は、一番バッターが打たなければ、それでゲームセットなのです。

心を動かす文章を書くために

10

構成より、書きたいところから書こう。

11

論より、体験が強い。説明より、物語が強い。

読者から「中谷さんの本の書き方のマネをしている人がいます」「中谷さんが講演で話したことをそのまま書いている人がいます」という通報がよく来ます。

私はまったく平気です。

文章はマネができないからです。

強い文章のポイントは、

① 論より体験が強い

② 説明より物語が強い

という2つです。

論はマネできても、体験はマネできません。

体験していないことは、書けないからです。

説明はマネできますが、物語はマネできません。

いかに論ではなく体験で語るか、説明ではなく物語で書くかです。

私はオータパブリケイションズから『ホテル王になろう』という本を出しました。

最初は、ホテルに就職する人のために、コンシェルジュやフロント、ドアマンなど、それぞれの職種の仕事内容を紹介する本を書いてくださいという依頼でした。

それはただの職種の説明です。

説明は誰が書いても同じです。

すでに世の中にたくさんあります。

私はそんな本には興味はありません。

それでも、せっかく持ってきてくれた企画なので、コンシェルジュの達人やドアマンの達人に会って話を聞くことにしました。

その人の仕事での格闘、挫折、そして、その挫折をどう乗り越えたかを聞きたかったのです。
ドアマンの達人は、会った人の顔と名前を1万人分も覚えています。
どんな裏技を使っているかは、マニュアルには書いていません。
それぞれの人生があるので、違う人に聞くと、まったく違う話が出てきます。
「SHOE SHINE」の井上源太郎さんは、ホテルで靴磨きの仕事をしています。
マニュアルでは、「靴を磨く」で話が終わります。
そうではなく、「人」に焦点を当てることで無限のドラマが生まれます。
体験を持ち、物語を持っているのは、「人」です。
「人」以外は、誰が書いても同じになるのです。

心を動かす文章を書くために

11

「人」を描こう。

12

読まれるのは、「人」を書いた本。

『面接の達人』は、いみじくも『面接で通る50の方法』ではありませんでした。

「面接の達人は、どういうふうに面接に臨んでいるのか」という発想から生まれた本です。

『面接の達人』は、業田良家さんにイラストを描いてもらいました。

そのキャラクターは武士です。

私は業田さんの『武士の魂』というマンガが好きで、業田さんの自宅兼仕事場に伺って、「武士が面接を受けに行ったら、すごくないですか」という話をしました。

面接に武士の勢いが欲しかったのです。

心を動かす文章を書くために

12

データより、人で語ろう。

私には読む本と読まない本があります。

買っても、さらっと読み流すのは、最初からデータが出ていて、グラフとか数字が並んでいる本です。

こういう本は、まず、興味がありません。

私が読むのは、著者や登場する人の顔が出ていて、人間を紹介している本です。

キャバクラでお客さんが聞くのは、「昼は何をやってるの」ということです。

人間を聞いているのです。

スリーサイズや年齢は関係ありません。

「昼間は歯医者さんで働いている」「学校の先生をしている」という話を聞くと、「どんな事情なんだろう」と、感情移入できるのです。

第2章

オリジナルの言葉を、探し続ける。

13

「いいね」と「死ね」の間に、「いいね」以上がある。

情報化社会になると、評価が「いいね」と「死ね」しかなくなります。
「いいね」ボタンがあるのはわかります。
隠れている「死ね」ボタンがあるのです。
それで炎上して、人間不信になって、ウツっぽくなってしまうのです。
「いいね」と「死ね」との間には無限の世界があります。
それを書くことが、文章を書くということです。
「いいね」でも「死ね」でもないのです。
TVの辛口コメンテーターは、角度の違うコメントをします。

独断と偏見のコメントにも、一理あります。

これが面白いのです。

「いいね」よりも、「メチャクチャだけど一理ある」の方が気持ちが動きます。

自分が誰かに相談した時は、「痛いな」と思いながらも「そのとおり」と思えることを言って欲しいのです。

アドバイスに対して「いいね」というレベルでは、心の底から感じていることではないのです。

大阪の「アホちゃうか」は、「いいね」でも「死ね」でもありません。

江戸弁の下町言葉なら、「バカじゃないの」です。

下町の職人のオヤジさんが、よく「バカ」とか「始末に負えない」とか怒っています。

あれは「死ね」とは言っていないのです。

博報堂時代、師匠の藤井達朗さんは、私が書いてきた５００のコピーを1枚1枚見ながら机に置いていきました。

その置き方が微妙です。

「これは何かに使えそう」とか「これは使えないな」と、師匠の中で置き場所に何か決まりごとがあるのです。

私がうれしかったのは、師匠に「アホなこと考えとんな」と言われることでした。

ボツになっても、うれしいのです。

これが、私が書く時に目指していることです。

書く時も、「いいね」と「死ね」の間を目指しているのです。

心を動かす文章を書くために

13

「一理ある」を探そう。

14

一文字でも、短くする。もっと適切な言葉は、ある。

私の文章の基本は、短文です。

まず、小1の時に、私の書いた4行の詩が新聞の堺・泉州版の「はとぶえ」に載りました。

これが私の書くデビューです。

中学生の時に一番ハマったのは、中国の戦国時代の兵法家の本でした。

孫子・呉子など兵法書の言葉は、一種のコピーです。

漢字4文字で、短い言葉で言い切っているのです。

高校では短歌にハマり、短歌部に所属していました。

「朝日歌壇」にも載りました。

選んだのは、五島美代子先生です。

短歌は、「5・7・5・7・7」で短いのです。

その後、私は博報堂でコピーを書き始めました。

コピーも長い文章ではありません。

長い文章は、人の心に刺さらないのです。

刺さっていくのは、常に短い文章です。

常に、どれだけ言葉を短くするかを考えています。

私が本を書き始めた時、「文字が少ないからラクしている」と言う人がいました。

広告の世界では当たり前ですが、私の本はホワイトスペースをわざととっています。

文字が少ないのがいけないなら、文字の多い方が値段が高いというおかしなことになります。

読み手は、文字ではなく、そこから伝わるメッセージを買っているのです。

余白に感じ、考えるのです。

日本の芸術は、余白の美です。
フラワーアレンジメントは、余白を花で埋めていきます。
生け花は、できるだけ余白を残して花を削っていきます。
それが西洋と日本の美学との違いです。
私は、短歌やコピーを通して、1文字でも減らすことが身についています。
だから、私の本の書き方はマネしようとしてもマネしにくいのです。
文章を短くすることは、難しいのです。
俳句は、17文字であの雄大な世界を描いています。
「もうこれ以上削れない」というところから、さらに削っていくのです。
これが俳句の世界であり、コピーの世界です。
文章を長くするのは、簡単です。
どうしても長くする方へと逃げていきがちです。
その方が適切な言葉を探さなくてもすむからです。
1ページかけて説明するところを1文字で表現できる言葉があるのです。

それを探すには時間がかかります。

その作業をしなければ読み手には刺さりません。

自分の気持ちを伝えて相手を動かすための適切な言葉は、どこかに必ずあります。

それを探し続ける作業を諦めないことです。

1つの単語でも、「てにをは」の「に」なのか「を」なのか「は」なのかによっても、変わってくるのです。

心を動かす文章を書くために

14

適切な言葉探しを、諦めない。

15

試行錯誤が、感情移入できる。他者承認を求めるタイプは、試行錯誤が書けない。

「『恋愛で成功する方法』という本を書きたいのですが、なかなか企画が通らないんです」と、相談されました。

目次を見せてもらうと、「たしかにこれは通らないだろうな」と思いました。

どこかの本に書いてあることばかりだったからです。

しばらくして、その人の本が出ることになりました。

「あの企画が通ったの？　よかったね」と言うと、「いや、それじゃないんです」と言うのです。

家族が突然病気になって、その看護のプロセスが書かれた本が出たのです。

2冊目に出たのは、片づけの本です。

まったくテーマが違います。

いろいろな片づけ法を試してみて、どういうふうに失敗したかが書かれているのです。


読み手が一番読みたいのは、試行錯誤のプロセスです。


できる人が「これをしなさい」と言う文章は求めていません。

読み手は、片づけに関する文章をたくさん読んでいます。

いろいろ試してしくじっても、それに対するアドバイスが何もありません。

読み手は、正解を探っていく旅の行程を求めています。

「こういう方法で、こういう失敗をした」→「次はこういう方法で、こういう失敗をした」→「次にこれもしたら、こういうふうに失敗した」という文章が参考になるのです。

これはダイエットでも英語の勉強でも同じです。

「こうしたらいい」という文章は、世の中にたくさんあります。

それを読んで、みんな挫折して終わります。

いろいろな方法を試してみると、それぞれのメリットとデメリットがわかります。

その中で自分に合うモノを探していきます。

そのプロセスを書くことで、本人が気づかないうちに読み手はコツをつかんでいくのです。

心を動かす文章を書くために

15

試行錯誤を書こう。

16

失敗を書くことで、説得力が生まれる。

『面接の達人』は、私自身の面接のプロセスです。

通る人と落ちる人の分かれるプロセスも、すべて書いています。

「こういうふうに言う人がよくいるけど、これはしくじる」というプロセスが書かれているのです。

マネして書く本は、結果だけを書いています。

自分が体験していないので、プロセスが書けないのです。

「『面接の達人』は単なるマニュアルだ」という人がいます。

本を書くことは、今までになかった新しいマニュアルをつくることです。

マニュアルをつくる時には、自分自身の失敗例が必要です。

トーストでこれだけ時間をかけたら焦げるとか焼き足りないという体験がマニュアルになるのです。

おいしいパンを紹介することは、主婦ブログでもできます。

これは説得力がありません。

1位から100位まで書いていないからです。

1位から100位のランキングでは、80位以降は、むしろまずいのです。

まずいワーストが書けないと、説得力が出ないのです。

アイドル評論家の北川昌弘さんは、毎週、「T・P・ランキング」で1000位まで書いていました。

ここまで行くと、もはやオタクではなく、立派な書き手です。

まず、1000人のアイドルを挙げることが難しいのです。

しかも、それぞれに2行ずつコメントをつけています。

順位は、毎週動きます。

北川さんに「最近の子役系のアイドルでは誰がいいですか」と聞くと、逆に「何年生ですか」と聞き返されました。

北川さんの中には、「小6ベスト100」とか「小5ベスト100」があるのです。

北川さんは、コンテストで落ちた人まで全部インタビューしています。

これはネットには載っていません。

ネットに載っているのはコンテストを通った人だけで、落ちた人まではフォローしていないのです。

おいしいものの情報は、すでにたくさんあります。

大切なのは、どれだけハズレを体験したかです。

習いごとで教わったことを、ブログにそのまま書いている人がいます。

そのブログは読まれません。

先生は、失敗を無限にしてきたから教えられるのです。

生徒に説得力がないのは、先生が成功した例だけをマネしているからです。

「こうしたら失敗する」ということを、自分の肌身で体験して、痛い思いをすることで説得力が生まれます。
人から聞いた話を「いいな」と思って書くだけでは、うまくいかないのです。

心を動かす文章を書くために

16

失敗を体験しよう。

17

どうやって失敗したかを、書く。

読み手が一番共感が湧くのは、成功ではありません。

どうやって失敗したかです。

NHKのドキュメンタリー番組『プロフェッショナル 仕事の流儀』は、3部構成になっています。

第1部は「凄い人の日常」、第2部は「その人の苦悩の日々」、第3部は「新たな挑戦での苦悩」です。

第1部の「こんな凄い人がいる」というだけでは、誰も見ません。

「ああそうですか。それはよかったね」で終わりです。

「凄い人」とか「もともと天才」と言われても、自分には関係ないのです。気になるのは、第2部の「こんな天才でも、自分たちと同じように、こんな失敗をしてきた」というところです。

トーク・ドキュメンタリー番組『カンブリア宮殿』も、第1部「今、こんな凄い人がいる」、第2部「倒産の危機に瀕して、社長が『こういうことをしよう』と言ったら総スカンを食った」、第3部「今は新たにこんなチャレンジをしている」という構成になっています。

失敗が読み手の共感を呼ぶのです。

読み手が読みたいのは、どうやって失敗して、どうやってそれを乗り越えたかです。

失敗が失敗のままでは参考になりません。

「あの人も失敗しているし、自分も失敗している。やっぱりムリだよね」となるからです。

失敗から、もう一回チャレンジして浮き上がってくるプロセスに心を動かされて、「よし、自分もやってみよう」と、勇気づけられるのです。

『面接の達人』もこの構成になっています。

私の就活の時の第一志望群は、電通・博報堂・東京キー4局の6社でした。

受ける前から、なんの根拠もなく「3勝3敗ぐらいだろう」と思っていました。

今から考えると、凄い自信です。

1回戦で敗退した時に、「当初の3勝3敗ってなんだったんだ」という気持ちになりました。

どこを受けても1回戦敗退で、行っても2回戦どまりです。

このまま行くと、全滅です。

練習のつもりで受けた、聞いたこともない小さな広告代理店すら落ちるのです。

私は「これはマズい。作戦を考えなければ」というところに追い込まれていったのです。

有名人の本でも、転落していく本の方が読まれます。

「ざまあ見ろ」ということで、痛快なだけで終わります。

それはイヤなハッピーです。

本当のハッピーは、勇気づけられることです。

ＴＶ番組『しくじり先生』では、成功した人がこんなふうにテングになって失敗したという話が語られます。

それを見て、「自分もテングになっているかもしれない。気をつけなければ」と思います。

それで終わらずに、「今はこういうふうに立ち直った」いう話を聞いて、視聴者は共感し、勇気づけられるのです。

自分の失敗談が書けないのは、みんなに自分をよく見せたいからです。

失敗談が書ける人は、失敗を乗り越えたという自信がある人です。

乗り越えた人だけが、振り返って、「あれはヤバかったですよ」と言えるのです。

乗り越えていない人は、「失敗談はカットしてもらって、うまくいっているところだけお願いします」という形になります。

右肩上がりだけを描いても、本になりません。

N字カーブの人生を描いている人が書いた本を読むのが、本の選び方として正しいし、書き方としても正しいのです。

心を動かす文章を書くために

17

どうやって失敗から抜け出したかを書こう。

18

誰かがすでに書いてあることを書くことは、書く楽しみの放棄だ。

「文章を書くのが好き」「ブログを書くのが好き」と言う人ほど、ネタが行き詰まった時に、ほかの人が書いているものを写し始めます。

この時点で、この人は書くのが好きなのではありません。

単に写すのが好きなのです。

「書く」とは、ほかの人が書いていないことを書くことです。

「写す」とは真逆の行為です。

自分がどちらをしているか、区別することが大切です。

文章を書く時は、ほかの誰かがすでに書いていることは1文字も書かないという覚

悟が必要です。

それがないと、ただのパクリになってしまいます。

「世の中で言われていることは書いておいた方がいいのではないですか」と、心配する人がいます。

そのテーマに関心のある人は、当然、オリジナルも読んでいます。

「この本は○○さんが言っていることを写している」と気づかれた時に、「それならオリジナルの方を読もう」ということになります。

読み手に「これは寄せ集めサイトで、オリジナリティーはない」という烙印を押されるのです。

私は、大学生の時に小学館でアルバイトをしていました。

小学館の師匠・赤星一朗さんから教えられたのが、「誰かが書いたものを写した時点で、アイデアは出なくなる」ということです

写し始めた瞬間に、アイデアのふたが閉まって、頭は「写すものを探すモード」に入ります。

それでオリジナリティーがなくなるのです。

人気の出た作家のところには、みんなから依頼が来ます。

ここで、ネタのストックがなく、新しいネタもできていなければ、人の書いたものを写し始めます。

その時点でオリジナルのアイデアが出なくなって、職業作家として行き詰まるのです。

そんな人は、たくさんいます。

私は自分の本が写されていても、別になんとも思いません。

「かわいそうに。これでアイデアのふたが閉まってしまうのに。これを言ってくれる師匠に出会わなかったんだな」と思うだけです。

編集者が殺到する作家には、これが起こりがちです。

職業作家でもないのに、どうして写してまで書かなければならないのかということです。

「何か書かないと読み続けてもらえない」「アクセスが欲しい」「レスが欲しい」と焦

ることで、結果として、自分のオリジナリティーを失います。
これが人の書いたものをマネすることのマイナスなのです。

心を動かす文章を書くために

18

誰かが書いたことは、1行も書かない。

19

構成よりも、感情の流れを優先する。

話から話は、論理より感情でつながっています。

コミュニケーションは、人と話をする時も、次の話は感情で出てくるのです。

時間軸も行ったり来たりします。

論理も、3つの話があって、それぞれに3項目あってという、ツリー構造にはなっていません。

論理的な構成とは、話したいことから話し、聞きたいところから聞き、読みたいところから読むことです。

理路整然と組み立てていくと、熱が冷めていきます。

だからといって、決してランダムに並んでいるのではなく、「感情」という流れに乗って書いているのです。

時々、入社したてのまじめな編集者が、せっかく感情の流れで書いているのに、頑張って分類してしまうことがあります。

たしかにわかりやすいですが、それでは熱がズタズタになります。

物語は時系列では流れていません。

あちこち行って、フラッシュバックしたりするのが物語です。

理路整然と並べかえると、物語を説明に戻してしまいます。

思いついたところ、一番言いたいところ、今書きたいところから書くことで、読み手と共感できるのです。

心を動かす文章を書くために

19

感情の流れを、読者と共有しよう。

20

１００の経験から、１を書く。

「１」の体験から「１」の文章を書くことはできません。

「１００」の体験があって、やっと「１」の文章が書けるのです。

「ここのアンパンがおいしい」というのは、１００のまずいアンパンを食べて、やっとたどり着いた「１」です。

「１」のアンパンだけ食べて、「このアンパンはおいしい」とは言えないのです。

それはたまたま出会っただけで、ほかのアンパンを知らないからです。

スイートルームの素晴らしさも、スイートルームに1年の半分以上泊まっている人にしか書けません。

ただ部屋を見せてもらっただけのライターには書けないのです。

見るだけでは、よさも悪さもわかりません。

1泊するだけで、「ここは最低だった」というコメントは書けないのです。

1泊では味がわかりません。

サービスする側も、その人のキャラクターがわかりません。

「ファイブスターのホテルに行ったけど、たいしたことなかった」と言いますが、初めて来た人に対しては、ホテル側もどうサービスしていいかわからないのです。

ヒストリーがあって、その人のキャラがわかることで、初めてその人にとってのサービスができるようになります。

1回の体験で、「1」書くことは不可能です。

ましてや「ゼロ」の体験から書けるわけがありません。

書いたとしても、それはただの「また聞き」です。

情報化社会になる前は、体験がすべてでした。

情報化社会は、疑似体験社会という「また聞き社会」です。

心を動かす文章を書くために

20

「また聞き」を、書かない。

また聞きで、面白いとか面白くないとか書いているのです。
どんなにうまい文章でも、その人が体験してないことは読み手にバレます。
それが文章の怖さです。
また聞きは、たとえバレなかったとしても、後ろめたさが行間に出ます。
それなら書かない方がマシです。
また聞きを書いた瞬間、読み手は離れていってしまうのです。

第3章

声に出して、読み返す。

21

プライベートなテーマを、パブリックに書く。

よくある書き手の悩みは、「自分の面白いと思っていることが伝わらない」ということです。

それは、プライベートなことをプライベートに表現しているからです。

これがネットの中で流れる文章です。

「今日、〇〇のお店に行って、こんなにおいしかった」と書いても、伝わらないのです。

誰でも知っているパブリックなことをパブリックに表現しても、面白い文章にはなりません。

いわゆる「正論」です。
わからないことでも、わかりきっていることでもダメなのです。
最初のネタは、プライベートなことです。
それを第三者にもわかるようにパブリックに書いていきます。
テーマは、きわめて個人的で主観的でも、表現は客観的にします。
逆はないのです。

心を動かす文章を書くために

21

正論を書かない。

22

怒っている時に、ホンネが出る。

うれしいことは、一見プライベートなようで、パブリックです。

誰がしても同じだからです。

読者からすると、「ああ、それはよかったね」としかなりません。

踏み込みが浅くなるのです。

エネルギーは、「うれしい」より、「怒っている」の方が強くなります。

週刊誌の連載をしている人に、「毎週ネタに困るんですけど、どうしたらいいですか」という相談を受けました。

私は「大丈夫です。怒っていることを書きましょう」と、アドバイスしました。

怒りのネタは、無限にあるのです。
それを客観的に冷静に書くことが大切です。
人間は、怒っている時の話の方が面白いのです。
その方がリアルで、カッコつけていないからです。
うれしい時は、話を盛って、「インスタ映え」のようなことを考えています。
怒っている時は、その人のホンネが出ます。
人間的な内面の部分まで全部出るのです。
怒っている時の方が勢いがあります。
同じ人のメルマガとかブログを見ても、怒っている回の方が面白いのです。
カッコつけている人は、怒っている文章が書けません。
器の小さい人間に見られたくないからです。
だからといって、怒ったまま書いては伝わりません。
怒っていることを客観的にパブリックに書きます。
「自分が同じ立場になったら、どうするか」

「自分がこの人の上司だったら、どうするか」

という観点で書いていくのです。

企業の社長さんが怒っていることを社員にダイレクトに言うと、カドが立ちます。

個人的にその人に言いたいことがあっても、面と向かってはなかなか言えません。

それを本に書けばいいのです。

私もそうしています。

私の本の実例は、すべて実話です。

架空の話はありません。

読んだ人には、「中谷さん、苦労されてますね」と言われます。

自分も本を書いている人には、それがよくわかります。

世の中は、イラッとすることばかりです。

イラッとしたことを本のネタにすることが、書き手のリハビリです。

プライベートのネタを探す時には、楽しいことよりも、日々イラッとする違和感を探す方がいいのです。

「普通はこうなのに、なんでこれはこうなのか」→「原因はこうだな」→「じゃ、どうしたらいいのか」と考えることで、イライラは通り過ぎていきます。

イライラしたままでは、言葉は反復します。

同じ言葉を反復する人は、まだイライラを乗り越えていないのです。

心を動かす文章を書くために

22

怒っていることを、冷静に書こう。

23

客観的に読み返すコツは、声に出して読むことだ。

書いた文章を読んでもらえる人は、後で自分でそれを読み返せる人です。
読んでもらえない人は、自分の書いた文章を読み返せません。
それが、読んでもらえる文章を書ける人と書けない人との差です。
自分の書いた文章を読み返すのは、めんどくさくて恥ずかしい行為です。
一番疲れる瞬間でもあります。
これができるのが「書く」という作業です。
文章を書き手として読み返すと、細かい表現を見逃します。
そこは読み手として読み返していきます。

「書いた自分」と「読み返している自分」を別人にするのです。

書き手の目線で読み返すと、「この言い方はカドがあって、読み手にイヤな思いをさせたり誰かを傷つける」ということが見えなくなります。

本の校正者は、文章を後ろから見ていきます。

第三者の目線で見ているのです。

絵描きは、自分の描いたデッサンがずれていないか、逆さにして確認します。

正面から見ると、描いた人間と同じ目線です。

逆さにすると、別の人間の目線になるのです。

棋士の加藤一二三さんが相手側の盤に回って見るのも同じです。

客観的に見るには、声に出して読んでみるといいのです。

私は、書き方教室で、来た人に書いてきた文章を声に出して読んでもらいます。

みんなスラスラ読めなくて、読みながら勝手に文章を変えたりしています。

「ここで変えるなよ」と言いたくなります。

「家で読んできてないよね」と言うと、「いや、サラッと読みました」と言うのです。

目で読むと、書き手の見方になります。

声に出すと、客観的に読めるので、「ここは流れていない」「ここは意味がわからない」ということがわかります。

意味が通っていないものは、朗読できないのです。

自分が書いた文章は、どんなに短い文章でも声に出して読むことが大切です。

メールやＬＩＮＥが炎上するのは、書きっぱなしで、どういうふうに読まれるかがわからないからです。

読み手は、書いた声のトーンでは読まないのです。

心を動かす文章を書くために
23
自分の文章を、声に出して読み返そう。

24

反応の多さと、面白さは、反比例する。

文章を書くと、つい反応の多さを求めてしまいます。
アクセスやレスの多さ、フォロワーが増えることを求めるのです。
これは危ないことです。
「反応が多い」イコール「評価されている」ということではありません。
反応が多いのは、ただ注目しているだけです。
注目と評価は、まったく関係がないのです。
たとえば、フォロワーがたくさんいるブログを本にしても、売れません。
注目を集めようと思ったら、グチ・悪口・噂話を書けばいいのです。

ただし、グチ・悪口・噂話をお金を出して買う人はいません。

それが現実です。

踏み込みのレベル、話の面白さのレベルが上がれば上がるほど、反応の数は減っていきます。

個性を出せば出すほど、反応は減ります。

その個性にシンクロする人の数は、限られているからです。

反応を増やしたいなら、個性を消せばいいのです。

ただし、それは売り物にはなりません。

売り物にならないと、人の心は動かせません。

「お金は出さないけど感動した」ということは、ないのです。

お金は覚悟です。

最初に「お金を払う」という覚悟を持って、それを受け入れた時に、自分が払った覚悟と同じだけの感動、ムーブメント、火種がもらえるのです。

文章は、書く人にも読む人にも覚悟がいるのです。

覚悟を共有することが、文章を書くことであり、読むことなのです。

心を動かす文章を書くために

24

反応の多さを求めない。

25

質問より、答え。新聞に見出しがなかったら、読む気がしない。

質問ばかりの文章を読むと、「もう少し親切に書いて欲しいな」と思います。

見出しに「○○の3つの方法」と書いてあるのに、本文を探しても、それがなかなか出てこないのです。

「○○について」とか「○○とは?」という見出しは、問いです。

問いは、もうわかっています。

読み手が求めているのは、「○○はこうすればいい」という答えです。

親切な文章は、見出しで答えを書いています。

人の心を動かす文章は、行動したくなる文章です。

答えを見ることで行動したくなるのです。

「人を動かす文章には3つの特徴がある」という見出しは、不親切すぎます。

「読み手に考えさせる」とか「もったいぶった方が読み手はついてきてくれる」というのは、書き手の傲慢です。

読み手は、疲れているし、時間もない中で本を読んでいるのです。

答えをもらって、まだ半信半疑の時に「たとえば」という例を読むと、「なるほど」と、腑に落ちていきます。

後の文章を読まなくても、わかる人にはわかります。

たとえ10秒しかなくても、そこで何かヒントをもらえる形になっていることが大切なのです。

心を動かす文章を書くために

25

「〜とは」より「〜だ」と書こう。

26

反対語を考えることで、言葉の定義が明確になる。

文章を書くことは、言葉を定義することです。
すべての言葉には、もともとの定義があります。
それは辞書に載っています。
文章をオリジナルで書くことは、書き手が言葉を再定義することです。
その時に、その言葉の反対語を自分なりに考えてみます。
それは辞書に載っている反対語ではありません。
自分で真逆の発想を考えるのです。
「読書」の反対語を考えてみます。

私の中では、「読書」の反対語は「保険」です。

読書は、本を買って、お金を自分の中に入れることです。

そうすれば、収入が増えて、保険に入らなくても食べていけます。

保険は、自分は勉強しないで、保険で食べさせてもらうということです。

「読書」と「保険」は、真逆の考え方です。

保険にかけるお金を本に回すか、本に回すお金を保険にかけるか、2つの生き方のどちらを選ぶかです。

反対語は、二またの分かれ道の右と左です。

それを描くことで、「読書」という言葉が再定義されるのです。

「本を読むこと」というのは、辞書に載っている「読書」の定義です。

反対語はありません。

ついやってしまいがちですが、「読書」の反対は「本を読まないこと」ではありません。

それでは「読書」の意味がわからなくなります。

「投資」と「貯金」を再定義すると、「投資」は他人のお金で自分が勉強することです。

「貯金」は、自分のお金で他人が勉強することです。

好きな方を選んでいいのです。

これが言葉の定義です。

常に言葉を再定義することが、書くことなのです。

心を動かす文章を書くために
26

言葉を、定義し直そう。

27

言葉に、生きざまが埋まっている。

私は、大学時代の恩師・西江雅之先生に「自分だけの辞書をつくる」という託宣をいただきました。

書き手で大切なのは、自分なりに定義した自分だけの辞書を持つことです。

就活の時に、入社試験の作文で「客」というお題を与えられました。

私は大学生時代からずっとシナリオを書いていて、書くのは得意でした。

まわりで受けている志望者の書いたものを見ると、8割が「客とは、辞書によると」という書き出しです。

この瞬間に「勝ったな」と思いました。

辞書のまわりでなんとなくウロウロするのは、最もつまらない文章です。

辞書に載っている定義は、誰でも知っています。

採用する側は、その言葉との新しい関係性を求めているのです。

言葉には、1つの生き方が入っています。

書くことは、ただの行為ではなく、生きざまです。

生きざまが入っていない定義は、つまらないのです。

私のお気に入りの辞書には、たとえば、「サバ」の説明で「青み魚で、うまい」と書いてあります。

「うまい」は、普通の辞書に載っている説明ではありません。

魚は大体「うまい」と書いてあります。

これで編者が魚好きだということがわかるのです。

私はその辞書が大好きです。

心を動かす文章を書くために

27

自分だけの辞書をつくろう。

28

とんがった発想なら、平易な文章で書いても刺さる。

誰もが「とんがった文章」を書きたいと思っています。

よく見ると、表現がとんがっているだけのことが多いのです。

レトリックをひねくり回したり、少し刺激的な表現になってはいますが、メッセージは普通です。

本当にとんがっている文章は、表現は普通で平易なのに、メッセージが過激なのです。

そのお手本は、脳科学者の黒川伊保子先生です。

黒川先生が書く文章は、表現は易しいのに、言っていることは過激です。

平易に書いても刺さる発想を持とう。

心を動かす文章を書くために

28

発想が過激なら、文章表現は平易でいいのです。

文章は過激なのに、言っていることは普通というのが、最もつまらない文章です。

辛口の人は、言葉は易しいのに、言っていることが過激です。

しかも、フォローをたくさんしています。

辛口の内容の時は、フォローを入れないとイヤらしい文章になるからです。

辛口をマネする人は、言っていることは普通で、表現だけイヤ味だから、つまらなくなるのです。

29

一番言いたい1文に、マーカーを引く。その前を、バッサリ削除する。

「ブログを書いています」と言う人に、そのブログをA4・1枚にプリントアウトしてもらいました。

「この中であなたが一番言いたかった1文にラインマーカーで線を引いてください」と言うと、「1文ですか」と言われました。

文章を書く時の基本は、1つの文章にワンメッセージです。

ほとんどの人は、一番言いたいことはラスト5行の中にあります。

私は「一番言いたいことは後ろから5行目のここですね。じゃ、6行目から前のところを全部切ってください。ここから始めましょう」とアドバイスします。

それより前の文章は、すべていらないのです。

後ろから5行目のところに一番言いたいことを書くと、そこからの論の展開は4行しかありません。

そのために文章の彫りが浅いのです。

それまでは誰でもわかっていることや、ほかの人も書いているようなことをだらだら書いているから、前置きがやたら長くなります。

一番大切なところは、後ろにとっておかなくていいのです。

そこから始めても、文章はわかります。

まず書きたいことをすべて書いて、一番言いたい1文の前の文章をすべて切ってみます。

一番言いたい1文にたどり着くまでの前置き部分は必ずあります。

「そんなに切るんですか。そうすると、書くことがなくなっちゃうんですけど」と言う人は、そもそも書くことがないのです。

一番言いたい1文から始めて、さらに「ということは」「ということは」「なんで」

「なんで」と突き詰める必要があるのに、始まりのところで終わってしまうと、ありきたりな文章で深味がありません。

キャバクラで「どう思う？　どう思う？」と言うオヤジの話し方と同じです。

一番言いたいことをもったいぶっていると、読者の心はつかめないのです。

心を動かす文章を書くために

29

一番言いたいことを、もったいぶらない。

30

何を書くかではなく、何を削るかだ。

「中谷さんの本をマネしている人がいますよ」と言われることがあります。
自分が好きな文章をマネしようと思っても、マネすることはできません。
マネができるのは、見えているところだけです。
私の本を読んでも、私が何を削ったかまではわかりません。
本では、残ったところしか見えないからです。
それでも、本当に大切なところは、何を削ったかが相手に伝わっていくのです。
『世界ふしぎ発見！』は、ミステリーハンターが世界各地の秘境へ行きます。
秘境の遺跡へ登ったり、ジャングルの奥地へ行ったりします。

撮影は1週間ぐらいかけて行っていますが、放送ではプロ野球ニュースのように、そのほんの一部分しか出ません。

多くの時間を費やした大変な部分は、全部カットです。

これが『世界ふしぎ発見!』の強さなのです。

放送されることより、どれだけカットしたかが重みなのです。

文章を書くことは、誰にでもできます。

書いた文章を削ることができるかできないかは、書く覚悟があるかどうかです。

書くとは、結局削ることなのです。

私は子どもの時、父親から「これがつくるということだ」と言われて、「太陽の塔」の試作品を次々につぶしていく岡本太郎さんの映像を見せられました。

それは、つくるというより壊していました。

「せっかくでき上がったものを壊す」という、子どもにはできないことを教えられたのです。

文章を書くことも、ひたすら削る作業です。

書いたことがほとんど残らないのです。

俳句の合評会で、先生が「いいですね」と言いながら、「この上の5文字はこうした方がいいですね。下の5文字もこうした方がもっといいですね。上と下を入れかえて、中の7文字はこうした方がいいですね」と言って、結局「や」しか残らなかった俳句がありました。

「や」「かな」「けり」は、入れなければならない約束事の切れ字です。

その「や」しか残っていない作品は、「今日の入賞」になりました。

もとの文章がまったくなくなるというのが俳句の世界なのです。

書くことに慣れている人は、削る作業に抵抗がなくなるのです。

心を動かす文章を書くために

30

削ろう。

31

ムダになる原稿を、早く書いて、早く削除する。

私が博報堂で仕事をしていた時、上司に「明日までにコピーを300個書いてこい」と言われた部下は500個のコピーを書いて持っていきました。

上司は、それを電話帳をめくるようにパラパラパラパラッと見て、「ないな」とひと言言います。

その後、「定規を持ってこい」と言って、その用紙を4分の1に切って、「メモ用紙ばっかり増えるな。やり直し」ということをさんざん繰り返されるわけです。

それが「書く」という作業です。

常に書いている人は、ボツも平気だし、削るのも平気です。

「せっかく苦労して書いたのに」と言うのは、書き手の勝手な都合です。

読み手にはまったく関係ない話です。

すぐれた書き手が、ムダな原稿を書かないわけではありません。

ムダになる原稿を早く書いて、早く削るので、書いていないように見えるだけのことなのです。

私は書くことが本業です。

書き手が書き方について書くのは、もはや無意識化していることを意識化していくことなので凄く難しい作業です。

この本を書くに当たって、最初はマナーや決まり的なこと、嫌われない文章の書き方でレジュメをつくりました。

全部捨てました。

嫌われないための文章の書き方は、書き手として熱くなれないからです。

「嫌われない文章の書き方は、やがて誰かが書ける。そんなものに時間を使っているヒマはない。それよりは、熱狂的に支持してくれたり、誰か1人でも自殺を思いとどまってくれる人が生まれるような文章を書いた方がいい」と思い、レジュメを書き直しました。

「出版社の社長と編集者がこういう本をつくりたいと言ってたな」ということにこたえるように書くことが大切なのです。

心を動かす文章を書くために

31

熱い思いを伝えよう。

第4章

「あるある」を、ひねって書く。

32

読む人は忙しい。1秒が勝負のサドンデス。

実際にブログを見せてもらった時、私はまず見出しを見ます。

私が「この見出しで、読者は読みたいと思うかな」と言うと、

――「僕は読みたいと思います」

「この1行目で、読者は読みたいと思うかな」

――「先生、もう少し先まで行ってください。その先が面白くなるんです」

「読者は忙しいから先まで待てないよ」

となることが多いのです。

読み手は、チラッと見てピンと来なければ、すぐに次のページをクリックします。

ブログ画面の右の方に、ほかに気になるブログのタイトルがたくさん出てくると、そちらへ気持ちがフッと行きます。

本屋さんで立ち読みする時は、1秒が勝負です。

パッと最初に目に入った1文がいまいちだと思うと、本を置かれてしまいます。

ほかにもっと面白そうな本は、たくさんあります。

だからこそ、1行目が勝負なのです。

文章は、制限時間1秒の勝負のサドンデスです。

1文でもつまらないところがあったら終わりです。

TVで言うと、チャンネルをかえられるのと同じです。

今は、読み手より書き手の方が多くいます。

読み手は選びほうだいなので、1文でもムダな文章は書けません。

面白くないからといって別のものに目が行くのは、読み手の根気がないのではありません。

根気がない読み手を惹きつけることができない書き手の責任です。

ムダな1文を書くという書き手の覚悟のない姿勢に問題があるのです。

サッカーのサドンデスは、1点入ったら終わりです。

勝つためには、1秒も気を抜けません。

それが、書くという行為であり、読むという行為でもあるのです。

書く側は、常に読み手がサドンデスの状態だということを意識しておく必要があるのです。

心を動かす文章を書くために

32

1文も、ムダなことは書かない。

33

書くことで、生まれ変わる。

書くという行為は、生まれ変わった人が書くのではなく、書きながら生まれ変わることが大切です。

書き手自身が生まれ変わらなければ、読み手を生まれ変わらせることはできません。

「生まれ変わりたい」と言う人がよく本を書くことがあります。

そういう人の2大テーマは、「モテモテになりたい」と「大金持ちになりたい」です。

「モテモテになりたい」と言う人は、そもそもモテていません。

モテ本をたくさん読んでいて、その知識を寄せ集めて本やブログを書いても、その人がモテていないので説得力がありません。

お金持ちになった人が書いたお金の本は売れます。

親から継いだのではなく、リンゴ箱1個から商売をして、紆余曲折を経てお金持ちになっているからです。

一方で、「いつかお金持ちになってやる」と言う人が書いた「10億稼ぐ方法」という本は誰も買いません。

それは、本人の願望を書いているだけだからです。

それよりは、

「今までできなかった片づけができるようになりました」

「今まで人に声をかけることが苦手だったけれども、できるようになりました」

「今まで全然モテなかったけれども、こういうアプローチの仕方をしたらモテるようになりました」

というのは、みんなが参考にできることです。

小さなことでもいいから、書き手自身が、書きながら生まれ変わることが必要です。

読み手が参考になる文章は、**座禅や祈りのように、心の中の弱い部分を生まれ変わらせるプロセスを経ているのです。**

心を動かす文章を書くために

33

読み手より前に、書き手が生まれ変わろう。

34

共感とひねりのないものは、読まれない。

文章は、たった3行でも、「あるある」→「なんで?」→「なーるほど」という構成で成り立っています。

まず最初のつかみは、「あるある」です。

「よく道で美人に声をかけられることがありますよね」と言っても、共感する人は少ないです。

「ないない」と言われたら、後の文は続きません。

ある護身術の本で「曲がり角で急にヤリで刺された時」という設定がありました。

ある意味インターナショナルな本で面白いと思いました。

現代の日本で、曲がり角でヤリで刺されるという場面にはまず遭遇しません。

「ワニに噛まれた時」という設定も、日本の日常では野良のワニはいません。

それなら、「熊に出会った時」の方がまだ確率は上がります。

これが「あるある」かどうかです。

文章の最初で踏みはずす人は、場面設定にムリがあるのです。

「隕石に当たりそうになった時」よりは、「雷が鳴っている時」の方が「あるある」の設定です。

隕石に当たりそうになるというシチュエーションは、少しシュールな感じがします。

この設定では、読者は話に入っていけないのです。

次に大切なことは、「ツイスト（ひねる）」です。

「エッ、なんで?」というひねりです。

「時間を増やすにはスキ間時間を使おう」と、時間の増やし方について書いても読まれません。

「時間を増やしたい」という願望は、「あるある」です。

それに対して「スキ間時間を使ってください」というアドバイスをすると、「だから何？」と本を閉じられます。

「あるある」から始まって、誰でも知っている「あるある」に展開するのはNGです。

そこで「エッ、なんで？」というひねりが必要なのです。

最後も、ひねったままで終わらせるのではありません。

推理小説も同じです。

あらゆる文章は、きちんとオチがあって、「なーるほど」と持っていく展開にすることが大切なのです。

心を動かす文章を書くために

34

「あるある・なんで？・なーるほど」と書こう。

35

普通の設定から意外な展開をさせる。

ヒッチコックの話は、普通の人間が事件に突然巻き込まれます。

主人公がCIAでは、「自分はCIAじゃないから」と、多くの人が感情移入できません。

ヒッチコック作品の登場人物は、主人公の普通の人間が、ふとしたことで事件に巻き込まれ、とんでもない状況に追い込まれた時に、ある機転をきかせて難を逃れるという展開になっています。

手品も同じです。

手品は、身近にあるものを使うことが大切です。

普通、胴体切断の道具は家にはありません。

そのため、胴体切断の手品は、「ご家庭で簡単にできます」とは言えません。

お客様は、家の中で身近にあるものを使った手品を一番知りたいのです。

読まれない文章は、「あるある」→「なんで？」→「なーるほど」の3段構成がありません。

冒頭が普通で、そのまま普通で終わるか、冒頭が特殊な設定で、その後にひねりが何もない1段構成です。

文章の順番としては、普通の設定をひねって着地させることが大切です。

どんなに短い文章でも、この3つの構成が必要です。

ほとんど展開がない話をいくら繰り返しても、ただ退屈なだけで終わってしまうのです。

心を動かす文章を書くために

35

普通の設定をひねって、着地させよう。

36

最終章は、書く前にはわからない。

「文章の最後をどういうふうにまとめればいいかが浮かばない」と言う人がいます。

文章の最後は、書く前には浮かばないのです。

書く前に最後が浮かんでいると、それはつまらない文章になります。

私が『みっともない恋をしよう』という本を書いた時、私はみっともない恋をしているころでした。

「恋をしたら、みっともなくてもいいんじゃないか」と自己肯定して、自分はこの恋を乗り越えようとして書いていたのです。

書いているうちに、「でも、みっともないままじゃダメでしょう。やっぱり乗り越えなくちゃ」という気持ちになってきました。

「恋をしたらみっともなくていい」という設定で書き始めたにもかかわらず、「やっぱり乗り越えなくちゃダメだよ」という結末に至ったのです。

宮崎駿さんも、いつも結末と格闘しているそうです。

だからこそ、素晴らしい結末が生まれるのです。

書く前から結末が見えている話は、予定調和になります。

文章を書く時に大切なことは、予定調和にしないことです。

予定調和になると、読む側が「あ、やっぱりね」と軽く終わってしまうからです。

「ああ、そうか。そう来るか」と感じてほしいなら、読み手と一緒に書き手がビックリする必要があります。

私は、頭ではなく手で書いています。

頭は手を邪魔しないようにしています。

手が勝手に書くのが「書く」ということです。

頭で書くと、「こうでなければいけない」と考えて手を邪魔します。

それよりは、手に神様を載せて勝手に書かせていくというイメージで書く方がいいのです。

心を動かす文章を書くために

36

最初からわかっていたオチで終わらない。

37

書き手の願望で書かない。

私は『会社の怪談』という恐怖小説を書いた時、最初の設定から最後のオチまでは事前に考えていました。

それなのに、オチを書いて「ああ、できた」と思った瞬間に、もう1行、「この話には続きがある」と勝手に書いてしまったのです。

稲川淳二さんのミステリーナイトツアーに行くと、稲川さんの楽屋に行きます。

「今日、あの話が面白かったです」と言うと、稲川さんは「いや、あの話には実は続きがありましてね……」と話し始めます。

稲川さんは、本番で2時間、楽屋で3時間話す人で、そこからの話がもっと怖いのです。

私はその経験から、「この話には続きがある」と書いてしまったのです。

それに対して、私は「エッ、そうなの？」と、書きながら自分でツッコんでいました。

その後、「その人は黄色い服を着ていませんでしたか」と書いた瞬間に、鳥肌が立ちました。

「この話には続きがある」という1文を書いたことで、もっと凄いオチが出てきたのです。

書き手の願望で書くのではありません。

「エッ、そうなの？」「そうなの？」「そうなの？」……と、ビックリしながら一生懸命追いかける気持ちで書けばいいのです。

もう1つ大切なことは、書き手は書いたことを忘れることです。

私は、ラジオドラマになった自分の恋愛小説でも、「で、どうなったの？」「つらいな、その設定。どうなるんだ？」と、ドキドキしながら聞きます。

それほど原作をアレンジをしているわけではありません。
ほぼ原作のままつくられている話に自分でドキドキしてしまうのです。
書き手は、自分の書いたものにいつまでもしがみつかないことです。

心を動かす文章を書くために

37

自分の書いたものにビックリしよう。

38

筋道の通った文章には、接続詞はいらない。

私の文章は接続詞を入れません。

接続詞を入れると、どうしても読むスピードが落ちるからです。

編集者に「接続詞を足さないでください」といつも頼んでいます。

若い編集者は、「逆接の場合は『ところが』『けれども』『でも』を入れた方がわかりやすいです」と、よく言います。

「だから」「なぜならば」という接続詞も足したがります。

一番多いのが「そして」です。

「そして」は、ほとんど要りません。

幼稚な遠足の作文は、「朝、起きました。そして、歯を磨きました。そして、朝ごはんを食べました。そして、学校へ行きました。そして、みんなで動物園へ行きました。そして、ライオンを見ました。そして、象を見ました」と、「そして」が多く入ります。

この「そして」は全部要りません。

文章のテンポが落ちるだけです。

落語家の話にわれわれが惹きつけられるのは、接続詞がないからです。

接続詞が必要な文章は、書き方が論理的ではないのです。

論理的でない文章を接続詞でごまかすより、接続詞がなくてもスラスラと流れる文章を書けばいいのです。

これがロジックです。

会話は、接続詞が多いのです。

論理的ではないからです。

文章は会話のようなニュアンスを込められないので、論理的に書く必要があります。

数学の証明と同じようにロジックを積み重ねるのです。
数学の証明に、接続詞はありません。
「ＢＵＴ」は出てこないのです。
「ＢＵＴ」という発想がそもそもないからです。
極力排除した方がいいムダな言葉の1つは、接続詞です。
文章の苦手な人が書くと、接続詞だらけになります。
接続詞がなければいけないという思い込みは勘違いです。
接続詞がなくても、わかりやすい文章は書けるのです。

心を動かす文章を書くために

38

接続詞がなくてもわかるように書こう。

39

徹底的に、短文主義に徹する。

私は、徹底的に単文にします。

「何がどうした」「何が何をどうした」というSVかSVO（主語＋動詞＋目的語）で、ずっと通しています。

これがリズムをつくっているのです。

「ここここはつなげられますから」と言って、複文にしてしまうのが新人の編集者です。

文章が苦手な人は、長い文章が好きです。

長い文章があると、読み手の頭には入りません。

私の文章は、あたかも映像を見るような文章です。

もともとのベースはシナリオです。

シナリオには長文がないのです。

シナリオのト書きに長文を書くと、監督やスタッフが読んだ時にわからないので、短い文章で言い切る必要があります。

相手に映像が伝わるようにスピード感と臨場感を伝えることが大切です。

長文を書くと、場面が絵で浮かびません。

もう1つは、気持ちが伝わらないのです。

人間が正直に何かを発する時、文章は短くなります。

今の心の中のホンネを長文で語ることはありません。

ウソをつく時、文章は長文になるのです。

浮気がバレた男性の発言は、文章が長くなります。

なんとか言いくるめようとするからです。

ほめにくい人をほめようとする時も文章が長くなります。

「うまい！」と、短く言い切れないのです。

「これはこれで、人によっては賛否両論かもしれないけれども」と、グダグダ長くなるのは、何か後ろめたい気持ちがあったり、本当の感情が伴っていない時です。

人をほめさせると、心からほめていない人は文章が長くなります。

単文主義に徹すればいいのです。

本の推敲を重ねる時は、どこか長いところがないかチェックします。

読み手も息継ぎをしながら読んでいるので、文章が長いと、1つの文章の中で息継ぎをしてしまいます。

息継ぎをすると、映像が消えるのです。

文の途中で息継ぎをさせるぐらい長い文章を書かなければいいのです。

メールは、1文がひと目で見られる状態にします。

メールは、横幅を長い設定にしていると目に入りません。

タテ書きとヨコ書きでは、タテ書きの方がひと目でたくさん入ります。

ヨコ書きは、ひと目で入らないのです。

そのため、アナウンサーの原稿は、ずっとタテ書きに書かれているのです。

心を動かす文章を書くために

39

読点は、1文1回にしよう。

40

「!」「…」「(笑)」に頼らないで、「、」「。」だけで勝負する。

文章を強調したいと思う人の文章には、「!」「…」「(笑)」がよく出てきます。

「!」「…」「(笑)」を使うと、子どもの文章になります。

これがブログに圧倒的に多いのです。

大人は、大人の文章を書く必要があります。

「!」をつけて強調するのは、言葉を選び切っていないからです。

広告の世界は、「、」と「。」しか使いません。

デザインを見てもらえばわかるように、「、」と「。」が活字のフォントよりもっと大きいです。

大切な気持ちを入れるところだから、音符の記号と同じぐらいに大きいのです。
そのかわり、「!」「…」「(笑)」は使いません。
よく対談物で「(笑)」が入っていますが、文章にグッと品がなくなります。
「(笑)」を1回入れると、すべてに入れたくなるのです。
2時間ドラマのタイトルに「!」をつけ始めると、とまらなくなります。
「!」「…」「(笑)」を入れれば入れるほど、文章は弱くなります。
「!」「…」「(笑)」を入れないでどれだけ文章を強くできるかが大切なのです。

心を動かす文章を書くために
40

「!」「…」「(笑)」を使わない。

41

匿名で書かない。反論を受ける覚悟を持つ。

ネット社会で人の心をつかめる文章にするためには、とにかく署名で書くことです。署名で書くと、反論が来ます。

反論を受けていくという覚悟を持つことです。

匿名で書いたとたんに、覚悟はなくなります。

言い逃げができるので、なんでも書けてしまいます。

署名で書いた文章は、言い逃げができません。

自分が書いた文章に対する反論に、「なぜならば」という形で返していくのがディスカッションです。

匿名になると、ヘイトスピーチになってしまいます。

中には、「バカ」と言って逃げる人がいます。

書き逃げ、言い逃げをしている限りは、人の心を動かす文章にはなりません。

ただ叫んでいるだけです。

言論の自由とは、単に好きなことが言えることではありません。

好きなことを言って、その反論に対してディスカッションをするという条件込みでの言論の自由です。

ヘイトスピーチは、言論の自由に入りません。

ネットの中で匿名で書けるようになったことで、人々の文章に対する覚悟はどんどん弱まりました。

『面接の達人』が出た時は、著者名を出して就職の本を書いている人がほとんどいなかったのです。

今は著者名を出して書くようになりましたが、当時はそれが画期的で、覚悟が必要でした。

買う側としては、「○○研究会」という、存在がよくわからないものよりは、著者名が書かれている方がいいのです。

本を出す時は、共著よりも単著にすることです。

共著は気を使います。

どちらが書いたか、責任がどこにあるかがわからなくなるのです。

「知り合いと2人で本を出そうと思うんです」と言う人には、私は「1人で出した方がストレスは小さいよ。たとえうまくいかなくても、1人で失敗することが文章を書く上では大切だ。それが覚悟だから」とアドバイスします。

2人で書くと、どうしても覚悟が緩んでしまうのです。

心を動かす文章を書くために

41 千本ノックを受けよう。

第5章

書きながら、考え続ける。

42

スラスラ書くには、スラスラ書く。今の気持ちは、今しか書けない。

「なかなか筆が進まないんですけれども、スラスラ書くにはどうしたらいいですか」と聞かれます。

「スラスラ書くにはスラスラ書くことです」と答えると、「ハァ?」と、よく言われます。

ウンウンうなっていると、よけい書けなくなります。

スラスラ書けない人は、完成形を書こうとしているのです。

最初から完成形は書けません。

書いていくうちにアイドリングが高まって書けるようになるので、とりあえずは書

いていけばいいのです。

先のことや構成を考えて立ちどまっているより、今書けるものをどんどん書くことです。

今頭に浮かんでいるものは、今しか書けません。

それはすぐ消えてしまいます。

明日になると、今日考えていることは書けません。

頭に浮かんでいることは、流れている川のようなものです。

「今の気持ちは今書かないと、明日では間に合わない」という覚悟で書くのです。

ウンウンうなりながら書く人は、「明日もきっと書けるだろう」という間違った思い込みをしているのです。

心を動かす文章を書くために

42

「今夜書かないと、消える」と覚悟しよう。

43

書きながら、考える。まず書かないと、消えてしまう。

書けない人は、考えてから書いているのです。

読み手の心を動かすことができる人の書き方は、書きながら考えています。

頭ではなく手で考えているのと同じです。

「ああだろうか、こうだろうか」と、数学者が紙に計算式を書いたり、黒板にチョークで書くようなプロセスが本になっているのです。

「書くこと」と「考えること」は、分離したことではありません。

落書きしながら友達と話すというのが私の好きな瞬間です。

落書きをしている時は、２人のプロセスが一番共有されていく感じがあります。

私は博報堂にいた時、「上司がホワイトボードに書いてプレゼンしていることを写しておくように」と言われました。

当時はまだホワイトボードをプリントアウトできなかったので、めんどくさい作業でした。

写真を撮って、後でA4の紙に書き写そうと思ってもできないのです。

ホワイトボードのチャートは、書いていくプロセスを見ることによって理解できるからです。

でき上がったチャートだけではわからないのです。

撮った写真から再現しようとしてもわからないので、上司の書くチャートを見ながら写すしかありません。

チャートは、考えるプロセスで矢印の意味が生まれるのです。

書くことも同じです。

考えたことを書くのではなく、考えるための手段として書くという行為があるのです。

書くことで考えたことが頭の中から出ていき、そのことは考えなくてすむようになります。

書けない人は、書きながら修正しているのです。

修正しているうちに次の浮かんでいるものはすぐ消えていくので、修正は後回しにします。

今ここで修正しても、先に行ってそれが必要になることもあります。

先まで行ってバッサリ、カットする可能性もあります。

何よりも痛いのは、今浮かんでいることが消えてしまうことです。

南方熊楠は、模写マニアです。

私も模写マニアですが、南方熊楠の字は読めません。

南方熊楠の頭のスピードに手が追いつかないのです。

南方熊楠は、きれいに写すことを放棄して頭の中を優先しています。

これが「書く」ことの本質です。

きれいに書くことを優先するのではありません。

それよりは書くエネルギーを大切にした方がいいのです。

心を動かす文章を書くために

43

直すのは、後にしよう。

44

自分が納得いかない状態で、添削を依頼しない。

「文章を添削してください」と持ってきた人に、「これはなんで途中で終わってるの？」と聞きました。

「まだ完成してないんですけど、ちょっと見てください」と言われました。

「何かもう一ひねり欲しいな」と言った時に、「ここからが面白くなるんです」と言われると、添削になりません。

その人は、わざと最後まで書かないのです。

完成した文章で「面白くない」と言われたら凹むからです。

俳句では、「類想類句（みんなと同じ）」という評価もあります。

「ひねりがない」「いまいちだ」「ワンパターンだよね」と言われるのが怖くて完成させないでいると、その人はいつまでたっても書くことが上達しません。

完成から逃げるのは、逃げ道をつくっているということです。

「これは自分では完璧だ」と、逃げ道をなくした状態で添削してもらうことが大切なのです。

心を動かす文章を書くために

44

逃げ道のない状態で、評価してもらおう。

45

不幸で頑張っている人の話が強い。大幸福か、不幸の話が強い。

読み手が読みたくなるものは、

① 大幸福

② 不幸

の2つです。

読み手は、自分が平凡な日常に生きているので、小幸福にはまったく興味がありません。

大幸福の世界や不幸な世界は、「ウワ、そんなことがあるんだ」と知りたいのです。

大切なのは、不幸は大きくなくてもいいということです。

幸福には、小幸福と大幸福があります。

「舞踏会で、突然どこかの王子様に気に入られて結婚した」という大幸福は誰にでも書けるものではありません。

「そこそこ幸福ですけど」と言う平凡な日常を生きる人にとっては、「そもそも舞踏会はどこであるんですか」という話になります。

「そこそこの幸福」は、日常的に誰にでもわかっていることなので書いても面白くありません。

大幸福と不幸なら、チャンスが多いのは不幸です。

「でも、不幸な話を書いたら、みんなに『かわいそうな人だ』と思われるから」と考える人は書けません。

ブログで多いのは、小幸福です。

「今日は三ツ星レストランに来ています」と、シェフと一緒にVサインでインスタ映えする写真を撮る人がいます。

その人は、ふだんは三ツ星レストランに行かない、シェフとも仲よしではないということを発表しているだけです。

三ツ星レストランに年中来ているシェフと友達の人は、シェフとの記念写真は撮りません。

本当の大幸福は、「フランスでもたくさんお店を持っている三ツ星レストランのシェフと結婚しました」という話です。

それは「どういう展開でそうなったの？」と、みんなも興味があります。

単に三ツ星レストランで料理をいただいたという小幸福の話は、面白味がなくて読まれません。

体験には、
① **楽しい体験**
② **痛い体験**
の2つがあります。

「楽しい体験」よりは、「痛い体験」の方が人の心を動かします。

痛い体験を書こうとしても、実際に痛い体験を乗り越えていない人は書けません。

「痛い体験を書いて『あのコはダメな人じゃないか』と思われたらどうしよう」と考える人も書けません。

その結果、少しでもよく見られようと思って「いいね！」を集めるために楽しい体験を書くという負のスパイラルに入ってしまうのです。

心を動かす文章を書くために

45

楽しい体験より、痛い体験を本にしよう。

46

精神論は、誰が書いても同じだ。

「誰でも同じ話」というのは、読む人の心を動かしません。
これが正論の弱さです。
精神論は、バリエーションがありません。
誰でも同じ話になってしまいます。
一方で、作戦は人によって違います。
精神論は、作戦ではありません。
作戦とは、具体的行動である必要があります。
その具体的な行動は、とっぴであることが大切です。

本の中に書かれていることは極論です。

「通常、世の中にいる99％の人がこう言うだろうけれども、1％の違う見方をするならばこういう見方もできますよ」という偏見であり、独断です。

違う見方を知ることによって、今まで一方向でしか物事を考えていなかった人が多面的に考えたり、世の中の価値観に対して多様性を持って接することができるようになります。

「あ、そんな人もいるのか」「そういう見方もあるのか」というのが読み手の心を一番動かすのです。

精神論よりも独断と偏見の具体的な話で、「これが当たり前と思っていたのに、実は当たり前じゃない世界もあるんだな」ということを読み手に伝えることが大切なのです。

心を動かす文章を書くために

46

精神論より、とっぴでも具体的作戦を書こう。

47

手の内を、見せる。

たとえば、ある職業の人が自分の仕事のテクニックを文章に書きました。
これは読み手も知りたいことです。
「でも、手の内を見せたら、私、食べていけないじゃないですか」と言う人がいます。
手の内を見せないで書くということは、読み手にとっては不親切です。
読まれる文章は、手の内を全部見せています。
「ここからは企業秘密」と隠したものに興味はありません。
読み手は、企業秘密を知りたいのです。
企業秘密は、書き手に自信がなければ書けません。

レシピを公開できないのと同じです。

「だって、レシピを公開して、みんなにマネされたら自分が食べていけない」と言う人は、みんながマネできるレベルにしか達していないということです。

「これは教えたくないんです。これは教えたいことなんです」と分けても、書き手の教えたいことは、読者の読みたいことではありません。

読み手は、書き手の教えたくないことや教えたくないノウハウを一番知りたいのです。

心を動かす文章を書くために

47

一番教えたくないことを、教えよう。

48

「しなければならない」より、「するのもあり」。

「こうしなければいけない」と勧める書き方をしている本があります。

それよりは「こういう手もあるよ」「こんなふうにしている人もいますよ」と教えるのが本来の本の書き方です。

「べき」「必ず」「MUST」は、書かなくていいのです。

「〇〇するべき」と言われると、読んだ人は「それをしたいな」という気持ちになりません。

私は『面接の達人』では、「こんなふうにした人がいるよ。ただし、これは正解じゃないからね」と書いています。

心を動かす文章を書くために

48

正解より、別解を書こう。

本の書き方で大切なのは、「模範解答を書かないこと」です。

書き手は「こんなふうにしている人もいるよ」という提示をして、読み手は「そんな手もありなのか」と思って読めばいいのです。

「○○しなければならない」「正解はこれだ。ほかは全部間違い」ということはありません。

正解は無限にあります。

本は、1つの正解ではなく、新たな別解を見せていくことが大切なのです。

49

「AとBが必要」より、「AするよりBしよう」。

人を動かすことができない文章を書く人の典型的な例が、「AとBが必要」という書き方です。

2つ挙げられると、読んだ人は「どっちを先にすればいいのか」「みんなしなければいけないのか」と迷います。

「AとBが必要です。あとCもしなければいけません」と言われると、まったく動けないのです。

書き手が行動を促す時は、「Aはしないで、Bをするだけでいい」と言うと、読み手はラクになります。

読み手は、すでにいっぱいいっぱいなのです。

書き手は、優先順位をつけて、しなくていいことを提示してあげます。

一番失敗するのは、あれもこれも詰め込もうとする書き方です。

お役所仕事的なことをすると、並列が増えるのです。

「また」「AND」「OR」は、文章の中には入れないことです。

お役所の文言は、「AND」が多いのです。

その理由はわかります。

いろいろな人がいろいろなことを言うからです。

どれか1つだけを選ぶことができないのです。

相手の顔を立てて、「じゃ、それも入れておきましょう」「これも入れておきましょう」となると、読んだ時に1つもわからない文章になります。

これが並列です。

「AとBをしよう」と並列で書くと、後の文章がAについてなのか、Bについてなのかがわからなくなります。

文章が1本の流れにならなくなるのです。

その時点で、読み手は混乱を起こします。

読み手を混乱させない書き方をすることが大切です。

これはタイトルのつけ方でもよくあります。

「Aという狙いがあるんです。でも、Bという狙いもあるんです」「じゃあ、合わせましょう」となると、長くて何を言っているかわからないタイトルに決まります。

その結果として、最も弱いタイトルになってしまうのです。

心を動かす文章を書くために

49

並列しない。

50

高飛車にならない。へりくだりすぎない。

書き手と読み手のスタンスは、どちらかが上ではありません。水平です。

「こういう手があります。じゃ、それをしてみよう」ということで、どちらかが高飛車になったり、下に回る必要はありません。

「○○というのをご存じだろうか」という書き方があります。

「上から目線で来るな」と思うと、読み手はしんどくなります。

そうかといって低姿勢で、「こんな私がこんな本を書けるなんて思ってもいませんでした」と書かれてしまうと、そんな人の本で読んだことを実行してみようとは思いません。

コミュニケーションは、あくまでもフラットでいいのです。

サラリーマンは、上下関係がつかないと、人とコミュニケーションをとるのが苦手という特徴があります。

文章を書く時にも、どうしても上下関係を持ち込んでしまう人がいます。

やたらと謙譲語で書かれても読みにくいし、かといって上から目線で書かれても、読んでいるうちにしんどくなります。

読み手にとっては、水平のスタンスで書いてある文章が一番読みやすいのです。

心を動かす文章を書くために

50

水平に、書こう。

51

「○冊目の本です」「推薦の言葉」「謝辞」は、読者に関係ない。

本は、最初の前書きのところでトーンが出ます。

私は、前書きに「これは私の○冊目の本です」と書いてある本は読みません。

それは、読者には関係ないことです。

日記に「○冊目の本」と書くのはいいのです。

読み手は、著者の日記を見たいのではありません。

今の自分にとっての問題が解決することを知りたいから本を読んでいるわけです。

推薦の言葉や「○○さん、ありがとうございました」という謝辞も、読み手には関係ありません。

それは内輪ですればいいことです。

「帯の言葉を書いてください」と頼まれることがよくあります。

本当に友達なら書いてあげてもいいです。

初めて本を書いた人には、「そこも表現の場として自分で書きなさい」と言います。

中には、「『中谷さんが帯を書いてくれるなら本にしてあげる』と言われたんですけど」と言う無名の人もいます。

昔は、出版社がそう言う時代もありました。

今は、「その出版社はやめたほうがいい」と私はアドバイスします。

出版社が「あなたの書く文章は面白い」と思って、本を出そうとしているわけではないからです。

「あなたの本の中身では面白くないから、誰か有名な人に帯を書いてもらわないと」と言われるような出版社から本を出す必要はありません。

文章の中には、読み手に関係ないことは1行も書かなくていいのです。

よく「玄関には豪華なソファを使っていて、ここは大理石なんですよ」と自慢するお店があります。

お客様からすると、「そんなところにお金をかけるなら、料金を下げてくれ」と思います。

シャンパンサービスのあるお店では、「こんなところでシャンパンサービスはいらない。それなら料金を下げてほしい」という気持ちになります。

お店は、お客様にはなんのメリットにもならないところにコストをかけないことです。

書き手は、謝辞を書く1ページがあるなら、読み手のメリットになること、何か助けになること、アイデアになることを書けばいいのです。

本に謝辞を書き始めると、そのスペースはどんどん広くなります。

それなら、謝辞を伝えたい人たちのために別の本を書けばいいのです。

心を動かす文章を書くために

51

読者に関係ないことは、書かない。

52

長いことは、親切ではない。ウソの文章は、長くなる。

「長く書いた方が親切ではないか」と思うのは、勘違いです。
それは、ポイントが押さえられていないということです。
たとえば、道の教え方や料理のつくり方で、本質をつかまえている人は短く教えます。
そうしないと読み手にはわかりません。
長く書くことは、逆に不親切になります。
ウソの文章を書くと、どんどん長くなります。
読み手を混乱させないために正確に書こうとする人も、文章が長くなります。

書き手が「『あれは正確じゃない』と言われたらどうしよう」と思うからです。

読み手の立場に立ってみると、Ａさんは、正確さよりも、とりあえず8割の到達点に早く立ちたいと思っていました。

書き手が１００点に到達するための20点の細かい情報まで書いていると、Ａさんはしんどくなり、80点を取れなくなってしまいます。

そう考えると、書き手はまず80点の情報を与えていればいいのです。

80点の情報を書くのがイヤなのは、同業者の目を気にする人です。

「『あいつ、なんで残りの20点のところを知らないんだ』と言われたらどうしよう」という気持ちがあるのです。

そういう人は、「厳密に言うと正確ではないんですが、こういう説もあって、こういう説もあって」と、今出ている説や考えられる可能性をすべて書かないと不安になります。

「『あいつ、知らないんだな』と言われたらイヤだ」と、同業者の目線に向かって細かく書くのではなく、読んでくれる人に向かって書けばいいのです。

「これはズバリこうだ」と、一概に言えないのは当たり前です。

一概に言える知識は、世の中には1つもないからです。

一概に言えないことを一概に言い切ってしまうことが、書くということです。

「一概には言えないんですが」という書き手の長い話につきあっているヒマはありません。

読み手は忙しいのです。

心を動かす文章を書くために

52 短く、言い切ろう。

53

固有名詞が、強い。

たとえば、いただいたお土産に対して返事をする時に、「お菓子をありがとうございました」では、何かありがたみがありません。

「本当に食べたのかな」と思われます。

会社で、部下から「お菓子をいただきました」という報告を受けた上司が「じゃ、お礼しておくわ」と言いました。

その時、「お菓子をありがとうございました」と返事をすると、「これは食べていないな」というのが相手にわかってしまいます。

それよりは、「村上開進堂、ありがとうございました」「鶴屋吉信、ありがとうございました」と、固有名詞が出ることによって、「あ、食べたんだな」と相手は安心します。

「せっかく頑張って、鶴屋吉信を買ってきたんだぞ」という相手の行為も報われます。

固有名詞は、圧倒的に強いのです。

パーティーに行くと、上流階級の会話は固有名詞が圧倒的に多いので、普通の人はついていけません。

会話に出てくる一流のお店、一流のホテル、一流のセレブの名前は、体験がないとわからないのです。

固有名詞が出てこないのは、体験がないからです。

固有名詞が増えていくのは、体験があるということです。

モナコに行ったことのない人は、モナコに関する固有名詞がわかりません。

「モナコ」としかわからないのです。

タヒチに行ったことのない人は、タヒチに関する固有名詞が出てこないのです。

実際に体験している人は、圧倒的に固有名詞の量が増えます。

心を動かす文章を書くために

53

固有名詞を入れよう。

説得力がある文章になるかどうかは、固有名詞がどれだけ入ってくるかによって決まります。

「いいシャツを着ていますね。どこの生地ですか」と聞かれて、「いや、生地はわからない」となると、スーツの自慢をしていた人が急に立ちどまります。

その時に「今、トーマス・メイソンの生地が気に入っているんですよ」と、生地の固有名詞が入るかどうかで、その人がシャツに対して愛情を持っているかどうかの分かれ目になります。

スーツにこだわりのある人は、「生地はドーメルです」という話ができます。

どこで買ったという話は、誰でもわかります。

その生地がどこのものか言える人の話は強いのです。

54

わざわざ調べなければならないことを、読みたい人はいない。

読み手は、わざわざ調べなければならないことが書いてある本を読みたいと思いません。

オリジナルの文献に当たった方が早いからです。

何も調べなくても、今この場で書けることは、書き手の自家薬籠中のモノです。

編集者で、「これは、出典は何ですか」と聞く人がよくいます。

編集者の気持ちもわかりますが、「それならその著者に頼めばいいでしょう」という気持ちになります。

私の場合は体験がベースなので、「出典＝自分」です。

心を動かす文章を書くために

54

ほかの人の文章を引用しない。

学会で発表する学術論文なら、出典をはっきりさせる必要があります。

私の本の出典は体験なので、出典を聞かれ始めたら、私は「そこの部分はカットしてください」と言います。

私は、調べながら書いているものは、1つもないからです。

明らかに間違いのものは、校正的に直してもらってかまいません。

「すべてのものに出典をつけて」と言い始めると、論文と同じになります。

文章を書く時は、自分の体験を出典にすればいいのです。

第6章

大人の文章を、書く。

55

話し言葉のニュアンスは、通じない。大人の文章を、書く。

読み手が読みやすいのは、話し言葉風の文章です。

私は、本を読まない2歳下の妹に話してわかるように書いています。

本が好きな父親よりは、母親にわかるような文章にしています。

ベースには、司馬遼太郎さんの講談の文体が入っています。

講談とは、耳で聞く文学です。

司馬遼太郎さんの文章がスラスラと読めるのは、耳でわかることを前提にしているからです。

目で読むのではありません。

ＣＭプランナーとコピーライターは違います。
コピーライターは、新聞や雑誌に載せるグラフィックをつくる仕事です。
ＣＭプランナーは、ＴＶやラジオで流すＣＭをつくる仕事です。
ＣＭプランナーが書く文章は、耳で聞いてわかる文章です。
ＣＭプランナーをしていた私の文章は、耳で聞こえる文章なのです。
目で見てわかる文章は、複雑なことが書けます。
耳で聞いてわかるような言葉が、読みやすい文章になるのです。
「じゃあ、話し言葉ですね」と言って書くと、一気に子どもじみた文章になります。
幼児語になっていくのです。
これはブログに多いです。
一流企業の社長が「～しないとです」と書いていることがあります。
これは子どもの表現です。
大人の書き方をすることが大切です。
話し言葉のニュアンスで書いた文章は、いったん書き言葉に置きかえないと読む人

に通じません。

文章を書く時は、最初から書き言葉にする必要はありません。

話し言葉と書き言葉をキャッチボールしながら、文章を推敲していけばいいのです。

心を動かす文章を書くために

55

大人の書き方にしよう。

56

メールをゴシックで書くと、怒っているように見える。

みんなに読んでもらいたいと思う人が、文章を強調するためにフォントをゴシックにすることがあります。

すべてがゴシックの文章は、まるで怒られているような気がします。

読むのも疲れます。

1冊の本がゴシックだけで書かれていると読めません。

雑誌で見開き2ページぐらいならゴシックでも読めます。

広告ではよくそういうのがあります。

長い文章でゴシックが続きすぎると、しんどいのです。

小声で淡々と優しく語りかけてくれる文章とは長くつきあえます。

文章を書く時は、読んでいる人が疲れないようにすることが大切です。

フォントが大きすぎるのも、大声で言われている感じがします。

「！」がよくないのは、メガホンで絶叫されているデモのシュプレヒコールのように感じるからです。

そうではなくて、お店や、まわりにも人がいるようなところで小さい声で話すように語りかければいいのです。

選挙演説のような文章になると、読み手の頭に内容がスッと入ってきません。

ゴシックできつい印象になりがちな時は、「(笑)」をつけるのではなく、文章の言い回しをやわらかくします。

文章の言い回しがきついままでは、「ふざけているのか」「バカにしているのか」と、逆に炎上します。

「(笑)」をつけるだけでは、文章のきつさを中和したことにならないのです。

心を動かす文章を書くために

56

フォントに頼らない。

57

品のない文章は、品のない読者を引き寄せる。

A案とB案とまったく反対の意見が書かれている時、読み手は品のある文章を支持します。

品のない文章には、「某○○氏」や、「N・A」のようなイニシャルが書かれています。

「某○○」とかイニシャルトークをしていたり、「(笑)」や「!」がついていたり、ゴシックで大きく書かれている文章は信用されません。

文章は、中身は関係なく文体の品で判断されるのです。

中身の論調に関しては、どちらも言っていることは正しく感じます。

その時に、どちらを信じるかです。
書いた人の人柄は、文体に出ます。
意見が分かれた時に、品がない文章は支持されません。
そうすると、ますます文章に品がなくなります。
これが負のスパイラルです。
文章に品がなくなってきている人は、間もなく崩壊します。
品のない文章は、末期的抵抗症状なのです。

心を動かす文章を書くために

57

品のある文章を書こう。

58

美学があるのが、文章だ。

どんなに短くても、その人の美学が入っているのが文章です。

美学が入っていないと、ただ書き散らしただけになります。

クローズアップ・マジック第一人者の前田知洋さんがオススメのスイーツ「パティスリーアンプルのピュイ・ダ・ムール」を挙げて、そのいいところを書いた文章は名文でした。

「流行に左右されないところがいいのです。トランプマジックも伝統が愛されるのです」と書いてありました。

一流のマジシャンは、一流の言葉の使い手です。

アーティストとしての前田さんの美学が、1つのスイーツを紹介する文章にも出ていました。

これが美学があるということです。

「こんなスイーツ食べました。おいしいです。今、大人気でーす」と、写真を載せたり、キラキラなデコレーションをつけたりしても、文章を読んだ人に美学は伝わらないのです。

心を動かす文章を書くために

58

短い文章にも、自分の美学を入れよう。

59

「雨ニモマケズ」は、最後に主語が出てくる。

文章に自分の哲学を出す時、「私が、私が」というのはしんどいのです。

「雨ニモマケズ、風ニモマケズ」の名文は、「ワタシハ」が最後に来ます。

最後の「サウイウモノニ　ワタシハナリタイ」という1文が、コピーとしては圧倒的にうまいのです。

「雨ニモマケズ、風ニモマケズ」という文章は、発表したものではありません。

手帳に残っていたものを復刻したものです。

詩なのか日記なのかはわかりません。

「私が」が前面に出てくる文章は、読み手にはイヤ味です。

「そういう人に私はなりたい」ということは、「私は雨にも負けて、風にも負けている」ということです。

「私は雨にも負けていません。風にも負けていません」という文章なら、読み手は「それは勝手にしてくれ」という気持ちになります。

「サムサノナツハオロオロアルキ（寒さの夏はおろおろ歩き）」と続くこの文章は、亡くなる2年前の最後の手帳に書かれたものです。

「私が、私が」が前面に来ないで、心の中の葛藤を書いています。

それでいて、「こうでなければいけないんだよね」という1つの志や理想を掲げています。

書き手は、「私もできていないけど」というスタンスでいることです。

「私はできているから、みんなもこうした方がいいよ」と書くと、読んでいる側としてはしんどいのです。

ある講演に行った時、私は「○○するための7つのこと」というテーマで話をしました。

すると、講演を聞いた人から「あれは、先生は全部できているんですか」と聞かれました。

私は「できていたら、こんなことをいちいち気づかないよ」と答えました。

自分はまだできていないけれども、できるようになろうとしているところが大切なのです。

文章は、「自分はそうありたいと思っている。今はできていない。でも、できるように頑張っている」ということを書けばいいのです。

心を動かす文章を書くために

59

「私が、私が」と書かない。

60

1行あけを多用すると、幼くなる。

読まれないブログで多いのは、1行あけと読点改行です。
どんどん行あけしていくと、子どもの文章になります。
本人はポエムのように書いていても、読んでいる側には伝わりません。
俳句や短歌は、1行で書くのが基本的な書き方です。
アマチュアは、5・7・5で分けたりします。
文章で使っていいのは、「、」と「。」です。
改行していいのは、「。」だけです。
「、」で改行していくと、本人はポエムチックに酔っているだけで、読者は離れていいきます。

実際にはそこに抒情性がないにもかかわらず、書き手だけが酔っているのです。

書き手は、クールな状態を維持する必要があります。

読み手よりも酔うことはありえません。

凄く熱い感情を持ちながら、クールに表現していけばいいのです。

心を動かす文章を書くために

60

1行あけは、1項目、2回までにしよう。

61

文章がわかりにくいのは、考えが整理できていないからだ。

「わかりやすい文章を書くにはどうしたらいいですか」と聞かれました。

わかりやすい文章になっていないのは、考えが整理できていないからです。

悩み相談でも、相談者が調子のいい時は文章が短いです。

完全に行き詰まって混乱している時は、文章が延々と長いです。

ビジネススクールで受講生にホワイトボードを書かせても、文章が長い時は「今日は調子が悪いんだな」とわかります。

調子がよくなると、文章が短くなるのです。

心の中にモヤモヤを抱えていると、文章が長くなります。

わかりやすい文章を書くコツは、書く前に考えを整理することです。
整理するために、プロセスとして書いていくという方法もあります。
文章を短くしていくことで、自分の頭の中の考えが整理されていくのです。

心を動かす文章を書くために……61

文章の前に、考えを整理しよう。

62

「Aするより、Bしよう」と書く。

読まれない文章では、提案する時に「○○しない」という禁止事項の書き方が多いです。

その時に、何をすればいいかが提案されていないのです。

「○○しない」と書いた時は、「じゃ、何をするか」という代替案まで出さないと、提案していることになりません。

「AするよりはBしよう」と書くことによって、「なるほど、そうか。AではなくてBをすればいいんだな」という違いがわかるのです。

これが論理的な文章です。

「Aはしてはいけない」だけでは、解決策が何も書かれていません。

それはただ非難しているだけです。

「じゃ、何をするか」と代替案を言うと、反論されるデメリットがあります。

それに対して、「なぜならば」と相手を説得するロジックが必要になります。

「〇〇しないようにしよう」「〇〇はイヤだ」という否定形で終わる文章に慣れないことです。

そうしないと、「じゃ、何をするか」という代替案を考えなくても許されるラクな方へ自分を逃がすことになるのです。

心を動かす文章を書くために

62

「Aしない」で逃げない。

63

体言止めにすると、書き手の思考も止まる。

読まれない文章で多いのが、体言止めの文章です。
これもポエムチックな狙いなのです。
体言止めにしていくと、自分の思考がとまります。
次にどうすればいいかがわからないのです。
人の心を動かす文章の中には、動詞が入っています。
人に読まれない文章は、動詞が入っていません。
ほとんどが熟語です。
下り坂の会社の文章は、熟語です。

心を動かす文章を書くために

63

動詞を使おう。

企業のレポートや企画書で熟語が増えてくると、経営は下り坂になります。

熟語ではなく、動詞を使えばいいのです。

動詞になった時に初めて、行動がわかります。

体言止めにすることでマイナスの影響があるのは、読み手に対してではありません。

書き手自身が何を言っているのか、次にどうしていいかわからなくなるというデメリットがあるのです。

64

出だしは、最後まで書き終わった時に、湧いてくる。

Ａ４・１枚に短い文章を書くような時でも、「出だしの１文が見えない」と言う人がいます。

出だしの１文は、仮に書くことです。

最後まで書いた時に、出だしの１文が決まります。

出だしの１文は、一番ラストの１文なのです。

出だしの１文が出ない時は、なんでもいいから書いておいてスタートしてしまうことです。

どんなにウンウンうなっても、書き始めないと出だしの１文は出てきません。

最後まで書き切った時に、「出だしの1文はこうだな」と湧いてきます。

見出しにしても、仮に置いておきます。

本のタイトルも仮に置いておいて、スタートします。

書き終わった最後に、タイトルが決まるのです。

よく「本を書く時、タイトルが先ですか、後ですか」と聞かれます。

タイトルは、先であり後でもあります。

先にとりあえず決めておいて、書き始めます。

書きながら、「この内容だったら、タイトルはこれだよね」と変わっていきます。

これがベストなタイトルの決め方です。

出版社によっては、最初に決めたタイトルを変えられないところもあります。

その決め方は損をしています。

タイトルは、本の中身を書いてみると、もっといいタイトルが出てくることがあるからです。

最初の見出しは、つくっている出版社や編集者と書き手との間で「こういうところを目指していこう」と決めます。
実際に書いてみて、もっといいものが見つかった時は、変更した方がいいのです。
1行目でウンウンうなって書けなかったら、アイデアは永遠に出てきません。
とりあえず書いてみれば、「出だしの1文はこれだ」というのが見つかります。
映画と同じです。
映画は、よくラストのシーンから始まります。
ストーリーが進むにつれて、冒頭に出たラストのシーンへ戻るのです。
文章は、一番最後と一番最初がつながっているので何回も読むことができます。
循環構造を持っているのです。
今書いている文章のラストは、次の文章の出だしにもなっているのです。

心を動かす文章を書くために
64

出だしはとりあえず書いて、最後まで書こう。

65

前書きは、スピード。後書きは、余韻。

前書きで挨拶を書くのはムダです。

読み手の時間を奪うだけです。

前書きで大切なのは、スピードです。

映画と同じです。

「007」映画やアクション映画は、説明なしに、主人公が巻き込まれたアクションシーンから始まります。

1つのアクションが完結してから、タイトルが出て、次に今回の事件の状況設定が説明されるという展開になるのです。

これが映画の導入部分です。

寅さんの映画も同じです。

寅さんも、タイトルの前に、本編と関係ないアバンタイトルシーンが10分あります。

最初の導入部分はつかみなので、グググッとスピード感を持たせます。

本でも、共感かつドキリとさせる導入部分があると、読んでいくうちに、「あ、そうなんだ」と読み手を納得させるのです。

前書きでガッツリ本論を語ってしまうと、冒頭が重くなり、スピード感が落ちます。

本論でじっくり語ればいいのです。

前書きは、スピードで読み手をつかみます。

後書きは、余韻です。

最後まで読み終わった時に、「そういうことだったのか」と、ジワーッとしばらく反芻できるのが後書きです。

せっかくいい本なのに、最後に余韻が何もない本は、「少し余韻を味わわせてよ」という気持ちになります。

本のカバーについている帯のコピーは、つかみです。

「あるある」でドキリとさせる役割を持つのが、帯のコピーです。

メインのタイトルは、書店さんに「〇〇のコーナーに並べてください」というジャンルをアピールしています。

サブタイトルは、読者へのメッセージです。

本には、すべての部分に役割分担があるのです。

心を動かす文章を書くために 65

前書き・後書きは、短くしよう。

66

テーマと自分との「関係」を書く。

あるテーマだけについて客観的に書く文章は、誰が書いても同じになります。

書くのが「私」でなければならないという状況を考えると、どんなテーマをもらっても、「○○と私」というタイトルです。

たとえば、「心をつかむ書き方」というテーマなら、「心をつかむ書き方と私」というアプローチで書けばいいのです。

そのテーマと自分のかかわり合い、格闘を描くところに意味があるわけです。

単に「心をつかむ書き方」というテーマで、「私」を抜いて書くと、誰が書いても同じ文章になります。

そこに人間が存在しなくなるのです。

少なくとも1050冊書いてきた人間にとって、書き方は、日々格闘していることです。

「○○と私」というタイトルにすると、自分の悲喜こもごもが入らざるをえなくなります。

それによって自分にしか書けない文章になっていくのです。

スイーツを1個紹介するのでも、「そのスイーツと私」というテーマにします。

短い文章を書く時も、「それと私」というタイトルで書くことによって、まったく違う世界になります。

小学校の読書感想文の最もつまらない例は、あらすじを書いて、最後に「面白かったです」で終わる文章です。

私の高校時代の親友の甲斐君の感想文は、3行目から自分の恋愛の話になっていました。

その方が圧倒的に面白いわけです。

夏目漱石の『こころ』を読んで、三角関係の話の感想を書いているのに、3行目からは、作品に登場しない自分の片思いの彼女の名前がずっと出てきます。

読んだ本から触発されたものを書くのが、本当の感想文です。

文章は、自分の人生とそのテーマとの関係を書いていくことが大切なのです。

心を動かす文章を書くために

66

「〇〇と私」で書こう。

67

書くことで、書きたいことが湧いてくる。

「書きたいことはたくさんあるんですが、何を書いていいかわからない」と悩む人がいます。

書かないと、書きたいことは湧いてきません。

「中谷さんは１０５０冊も書いていて、書くことはなくなりませんか」とよく聞かれます。

書いているから、書くことがなくならないのです。

温泉のお湯と同じです。

源泉かけ流しは、使えば使うほどどんどんお湯が湧いてきます。

最もよくないことは、とっておくことです。

それはとめることになるからです。

温泉が湧かなくなるのと同じです。

どんどんアウトプットすることによって、どんどん書きたいことが湧いてくるのです。

中には、ウンウンうなって、10年も20年もかけて1冊書く人もいます。

そういう書き方もないわけではありません。

ただ、それでは、書きたいことはなかなか出てきません。

仕事は続ける、打席には立ち続ける、試合には出続けることによって、次のものが出てくるのです。

構想何年という書き方は、アイデアが出なくなってしまいます。

売上げやクオリティーはまず考えないで、今すぐに書けることをとにかく書き始めればいいのです。

書き始めることによって、「そういえば、こう」「そういえば、こう」「そういえば、こう」……という形で、芋づる式に次のことが湧いてきます。

最初からすべてのレジュメが浮かんでいるわけではありません。

レジュメは、地面に出ているタケノコの先っちょにすぎません。

とりあえず書き始めることで、自分でも思いもしなかったことが出てきます。

最初から何が書けるかは、わからなくて当たり前です。

私でもわかりません。

「意外にこんなことになって面白かった」となる方が、結果として読者の心の中に一番入っていけます。

読者も読みながら、「こんな展開になるんだ」と楽しめます。

先々の工程表を決める必要はありません。

書くことは、旅行をしているのと同じです。

行き当たりばったりで、

「ここに面白そうなものがあるから、こっちに寄ってみよう」

「こっちよりあっちの方が面白そうだから行ってみよう」

「こっちに来たら店が休みだったから、じゃあどこにするか。ここにこんなお店があるから入ってみようか」

と、曲がりくねった道を行くのが書くことの楽しみです。

読み手と一緒に書く旅をしていくことが、読み手の心を動かす文章になるのです。

心を動かす文章を書くために

67

すぐできることを書こう。

おわりに

68

書くことが、気づきにつながる。

嫌いなことを書こうと思って書き始めたら、実はそれが大好きなことがわかったという結果になってもいいのです。

大嫌いを経た後でも、「でも、これだけ書いているということは、けっこう好きなんだな」と気づけます。

「あいつ、大嫌い」と言う時も、本当に嫌いな人のことは書かないのです。

「あいつは本当にイヤなヤツで、こんなところもイヤ、あんなところもイヤ」と、イヤなところを10個挙げられるのは、ベタ惚れしている証拠です。

書くことによって、さらに好きになったり、好きなことが見つかるのです。

「そういえば、こんなことがあった」と、忘れていた出来事を思い出すこともあります。

「恋人と別れよう」と思った時、出会った時からの思い出を書いたものを相手から送られてきたら、別れられなくなります。

「ウワ、こんなこともあったよな」と、楽しい思い出がよみがえってくるからです。

書くということは、それだけ目に見えない魂が宿っているのです。

一種の魔法です。

ペンがあれば誰でも書けるというのは、思い込みにすぎません。

書きたいことが浮かんでくるのは、魔法使いが魔法を使っているのと同じです。

誰にでもできているような気がするから、魔法と思わないだけです。

文章を書くことは、人間に与えられた1つの超能力です。

自分を発掘する作業なのです。

心を動かす文章を書くために

68

とにかく書き始めよう。

『自分を変える 超時間術』
『一流の話し方』
『一流のお金の生み出し方』
『一流の思考の作り方』

【秀和システム】

『人とは違う生き方をしよう。』
『なぜ あの人はいつも若いのか。』
『楽しく食べる人は、一流になる。』
『一流の人は、〇〇しない。』
『ホテルで朝食を食べる人は、うまくいく。』
『なぜいい女は「大人の男」とつきあうのか。』
『服を変えると、人生が変わる。』

【日本実業出版社】

『出会いに恵まれる女性がしている63のこと』
『凛とした女性がしている63のこと』
『一流の人が言わない50のこと』
『一流の男　一流の風格』

【主婦の友社】

『輝く女性に贈る 中谷彰宏の運がよくなる言葉』
『輝く女性に贈る　中谷彰宏の魔法の言葉』

【水王舎】

『「人脈」を「お金」にかえる勉強』
『「学び」を「お金」にかえる勉強』

【毎日新聞出版】

『あなたのまわりに「いいこと」が起きる70の言葉』
『なぜあの人は心が折れないのか』

【大和出版】

『「しつこい女」になろう。』
『「ずうずうしい女」になろう。』
『「欲張りな女」になろう。』
『一流の準備力』

【すばる舎リンケージ】

『好かれる人が無意識にしている言葉の選び方』
『好かれる人が無意識にしている気の使い方』

【ベストセラーズ】

『一歩踏み出す５つの考え方』
『一流の人のさりげない気づかい』

『１秒で刺さる書き方』（ユサブル）
『なぜあの人には「大人の色気」があるのか』
（現代書林）
『昨日より強い自分を引き出す61の方法』（海竜社）
『状況は、自分が思うほど悪くない。』（リンデン舎）
『一流のストレス』（海竜社）
『成功する人は、教わり方が違う。』（河出書房新社）
『名前を聞く前に、キスをしよう。』
（ミライカナイブックス）
『なぜかモテる人がしている42のこと』
（イースト・プレス　文庫ぎんが堂）
『人は誰でも講師になれる』（日本経済新聞出版社）
『会社で自由に生きる法』（日本経済新聞出版社）
『全力で、１ミリ進もう。』（文芸社文庫）
『「気がきくね」と言われる人のシンプルな法則』
（総合法令出版）
『なぜあの人は強いのか』（講談社+α文庫）
『大人になってからもう一度受けたい コミュニケーションの授業』（アクセス・パブリッシング）
『運とチャンスは「アウェイ」にある』
（ファーストプレス）
『大人の教科書』（きこ書房）
『モテるオヤジの作法２』（ぜんにち出版）
『かわいげのある女』（ぜんにち出版）
『壁に当たるのは気モチイイ　人生もエッチも』
（サンクチュアリ出版）
書画集『会う人みんな神さま』（DHC）
ポストカード『会う人みんな神さま』（DHC）
『サクセス&ハッピーになる50の方法』
（阪急コミュニケーションズ）

【面接の達人】（ダイヤモンド社）

『面接の達人　バイブル版』

【ＰＨＰ研究所】

『なぜあの人は、しなやかで強いのか』
『メンタルが強くなる60のルーティン』
『なぜランチタイムに本を読む人は、成功するのか。』
『中学時代にガンバれる40の言葉』
『中学時代がハッピーになる30のこと』
『14歳からの人生哲学』
『受験生すぐにできる50のこと』
『高校受験すぐにできる40のこと』
『ほんのささいなことに、恋の幸せがある。』
『高校時代にしておく50のこと』
『中学時代にしておく50のこと』

【ＰＨＰ文庫】

『もう一度会いたくなる人の話し方』
『お金持ちは、お札の向きがそろっている。』
『たった３分で愛される人になる』
『自分で考える人が成功する』

【だいわ文庫】

『いい女のしぐさ』
『美人は、片づけから。』
『いい女の話し方』
『「つらいな」と思ったとき読む本』
『27歳からのいい女養成講座』
『なぜか「HAPPY」な女性の習慣』
『なぜか「美人」に見える女性の習慣』
『いい女の教科書』
『いい女恋愛塾』
『やさしいだけの男と、別れよう。』
『「女を楽しませる」ことが男の最高の仕事。』
『いい女練習帳』
『男は女で修行する。』

【学研プラス】

『美人力』（ハンディ版）
『嫌いな自分は、捨てなくていい。』

【あさ出版】

『孤独が人生を豊かにする』
『「いつまでもクヨクヨしたくない」とき読む本』
『「イライラしてるな」と思ったとき読む本』

【きずな出版】

『「理不尽」が多い人ほど、強くなる。』
『グズグズしない人の61の習慣』
『イライラしない人の63の習慣』
『悩まない人の63の習慣』
『いい女は「涙を背に流し、微笑みを抱く男」とつきあう。』
『ファーストクラスに乗る人の自己投資』
『いい女は「紳士」とつきあう。』
『ファーストクラスに乗る人の発想』
『いい女は「言いなりになりたい男」とつきあう。』
『ファーストクラスに乗る人の人間関係』
『いい女は「変身させてくれる男」とつきあう。』
『ファーストクラスに乗る人の人脈』
『ファーストクラスに乗る人のお金２』
『ファーストクラスに乗る人の仕事』
『ファーストクラスに乗る人の教育』
『ファーストクラスに乗る人の勉強』
『ファーストクラスに乗る人のお金』
『ファーストクラスに乗る人のノート』
『ギリギリセーーフ』

【ぱる出版】

『粋な人、野暮な人。』
『品のある稼ぎ方・使い方』
『察する人、間の悪い人。』
『選ばれる人、選ばれない人。』
『一流のウソは、人を幸せにする。』
『セクシーな男、男前な女。』
『運のある人、運のない人』
『器の大きい人、器の小さい人』
『品のある人、品のない人』

【リベラル社】

『50代がもっともっと楽しくなる方法』
『40代がもっと楽しくなる方法』
『30代が楽しくなる方法』
『チャンスをつかむ 超会話術』

【PHP文庫】

『入社3年目までに勝負がつく77の法則』

【オータパブリケイションズ】

『レストラン王になろう2』
『改革王になろう』
『サービス王になろう2』

【あさ出版】

『気まずくならない雑談力』
『なぜあの人は会話がつづくのか』

【学研プラス】

『頑張らない人は、うまくいく。』
文庫『見た目を磨く人は、うまくいく。』
『セクシーな人は、うまくいく。』
文庫『片づけられる人は、うまくいく。』
『なぜ あの人は2時間早く帰れるのか』
『チャンスをつかむプレゼン塾』
文庫『怒らない人は、うまくいく。』
『迷わない人は、うまくいく。』
文庫『すぐやる人は、うまくいく。』
『シンプルな人は、うまくいく。』
『見た目を磨く人は、うまくいく。』
『会話力のある人は、うまくいく。』
『ブレない人は、うまくいく。』

【リベラル社】

『問題解決のコツ』
『リーダーの技術』

『速いミスは、許される。』(リンデン舎)
『歩くスピードを上げると、頭の回転は速くなる。』(大和出版)
『結果を出す人の話し方』(水王舎)
『一流のナンバー2』(毎日新聞出版)
『なぜ、あの人は「本番」に強いのか』(ぱる出版)
『「お金持ち」の時間術』(二見書房・二見レインボー文庫)
『仕事は、最高に楽しい。』(第三文明社)
『「反射力」早く失敗してうまくいく人の習慣』(日本経済新聞出版社)
『伝説のホストに学ぶ82の成功法則』(総合法令出版)
『リーダーの条件』(ぜんにち出版)
『転職先はわたしの会社』(サンクチュアリ出版)
『あと「ひとこと」の英会話』(DHC)

〈恋愛論・人生論〉

【ダイヤモンド社】

『なぜあの人は感情的にならないのか』
『なぜあの人は逆境に強いのか』
『25歳までにしなければならない59のこと』
『大人のマナー』
『あなたが「あなた」を超えるとき』
『中谷彰宏金言集』
『「キレない力」を作る50の方法』
『30代で出会わなければならない50人』
『20代で出会わなければならない50人』
『あせらず、止まらず、退かず。』
『明日がワクワクする50の方法』
『なぜあの人は10歳若く見えるのか』
『成功体質になる50の方法』
『運のいい人に好かれる50の方法』
『本番力を高める57の方法』
『運が開ける勉強法』
『ラスト3分に強くなる50の方法』
『答えは、自分の中にある。』
『思い出した夢は、実現する。』
『面白くなければカッコよくない』
『たった一言で生まれ変わる』
『スピード自己実現』
『スピード開運術』
『20代自分らしく生きる45の方法』
『大人になる前にしなければならない50のこと』
『会社で教えてくれない50のこと』
『大学時代しなければならない50のこと』
『あなたに起こることはすべて正しい』

中谷彰宏　主な作品一覧

〈ビジネス〉

【ダイヤモンド社】

『50代でしなければならない55のこと』
『なぜあの人の話は楽しいのか』
『なぜあの人はすぐやるのか』
『なぜあの人の話に納得してしまうのか[新版]』
『なぜあの人は勉強が続くのか』
『なぜあの人は仕事ができるのか』
『なぜあの人は整理がうまいのか』
『なぜあの人はいつもやる気があるのか』
『なぜあのリーダーに人はついていくのか』
『なぜあの人は人前で話すのがうまいのか』
『プラス１％の企画力』
『こんな上司に叱られたい。』
『フォローの達人』
『女性に尊敬されるリーダーが、成功する。』
『就活時代しなければならない50のこと』
『お客様を育てるサービス』
『あの人の下なら、「やる気」が出る。』
『なくてはならない人になる』
『人のために何ができるか』
『キャパのある人が、成功する。』
『時間をプレゼントする人が、成功する。』
『ターニングポイントに立つ君に』
『空気を読める人が、成功する。』
『整理力を高める50の方法』
『迷いを断ち切る50の方法』
『初対面で好かれる60の話し方』
『運が開ける接客術』
『バランス力のある人が、成功する。』
『逆転力を高める50の方法』
『最初の３年その他大勢から抜け出す50の方法』
『ドタン場に強くなる50の方法』
『アイデアが止まらなくなる50の方法』
『メンタル力で逆転する50の方法』
『自分力を高めるヒント』
『なぜあの人はストレスに強いのか』
『スピード問題解決』
『スピード危機管理』
『一流の勉強術』
『スピード意識改革』
『お客様のファンになろう』
『なぜあの人は問題解決がうまいのか』
『しびれるサービス』
『大人のスピード説得術』
『お客様に学ぶサービス勉強法』
『大人のスピード仕事術』
『スピード人脈術』
『スピードサービス』
『スピード成功の方程式』
『スピードリーダーシップ』
『出会いにひとつのムダもない』
『お客様がお客様を連れて来る』
『お客様にしなければならない50のこと』
『30代でしなければならない50のこと』
『20代でしなければならない50のこと』
『なぜあの人は気がきくのか』
『なぜあの人はお客さんに好かれるのか』
『なぜあの人は時間を創り出せるのか』
『なぜあの人は運が強いのか』
『なぜあの人はプレッシャーに強いのか』

【ファーストプレス】

『「超一流」の会話術』
『「超一流」の分析力』
『「超一流」の構想術』
『「超一流」の整理術』
『「超一流」の時間術』
『「超一流」の行動術』
『「超一流」の勉強法』
『「超一流」の仕事術』

【PHP研究所】

『もう一度会いたくなる人の聞く力』
『【図解】仕事ができる人の時間の使い方』
『仕事の極め方』
『【図解】「できる人」のスピード整理術』
『【図解】「できる人」の時間活用ノート』

「本の感想など、どんなことでも、
あなたからのお手紙をお待ちしています。
僕は、本気で読みます。」

中谷彰宏

〒103-0014
東京都中央区日本橋蛎殻町2-13-5
美濃友ビル３F
株式会社　ユサブル
編集部気付　中谷彰宏 行

中谷彰宏は、盲導犬育成事業に賛同し、
この本の印税の一部を（公財）日本盲
導犬協会に寄付しています。

1秒で刺さる書き方
伝わらない文章を劇的に変える68の方法

2018年7月18日　初版第一刷発行

著　　者　中谷彰宏
発 行 人　松本卓也
企画編集　髙木真明
発 行 所　株式会社ユサブル
〒103-0014
東京都中央区日本橋蛎殻町2-13-5　美濃友ビル3F
☎03-3527-3669
ユサブルホームページ　http://yusabul.com
印 刷 所　シナノパブリッシングプレス

ISBN978-4-909249-14-2

定価はカバーに表示してあります。
乱丁・落丁はお手数ですが当社までお問い合わせください。